한국의 불평등 민주주의

한국의 불평등 민주주의

권혁용, 엄준희 지음

정치연구총서 03

● REC

00:00:00

버니온더문

HD

한국은 꽤 불평등한 곳이다. 교과서는 민주화와 민주주의가 불평등을 상당한 정도로 완화할 것이라고 제시했으나, 현실은 그러한 예측을 꾸준히 벗어났다. 정치적인 평등은 민주주의의 핵심이다. 그런데 한국 민주주의는 왜 불평등을 완화하지 못해왔는가? 기획재정부로 대표되는 기술관료 지배와 신자유주의적 정책 아이디어의 확산 등 다양한 원인이 존재하지만, 우리는 이 책에서 네가지 요인에 주목한다.

첫째, 고소득층이 더 투표하는가? 경제적으로 불안한 이들은 덜투표하는가? 둘째, 개개인의 투표선택은 그 자신의 경제적 이해관계와 조응하는가? 어째서 일부 저소득층은 보수정당을 택하는가? 셋째, 그렇게 구성된 국회와 정부는 모든 시민을 동등하게 대표하는가? 시민들보다 한참 부유한 의원들이 시민들을 대표할 수 있는가? 정부는 모두에게 같은 정도로 반응하는가? 넷째, 정치제도가 불평등과 민주주의의 관계를 틀 짓고 있지는 않은가? 다수제에서는 왜 우파가 유리한가? 왜 보편적인 정책은 비례대표제하에서 더 많이 제시되는가?

1장에서는 임금, 소득, 자산불평등의 수준과 추이를 살펴본다. 이어 2장을 통해 불평등의 악화가 재분배의 증가로 이어질 것이라는 모형을 소개한 뒤, 그 같은 이론과 실재의 간극을 살피며 네 가지 문제를 제기한다. 그리고 정치참여, 투표선택과 정책선호, 정치대표성, 정치제도라는 주제들을 3장에서 6장에 걸쳐 순차적으로 조명한다. 경제적으로 불리한 이들은 투표율이 낮으며, 투표하더라도 본인의 경제적 이익에 부합하도록 하는 경우가 적고, 정치적으로 대표되기 어렵다. 그리고 정치제도는 실질적인 사회경제적 논점을 부각하지 않는 방향으로 작동한다. 이 책은 한국연구재단의 지원을 받았다(NRF-2017S1A3A2066657).

2024년 1월
권혁용, 엄준희

정치연구총서 03

CONTENTS

정치연구총서 03

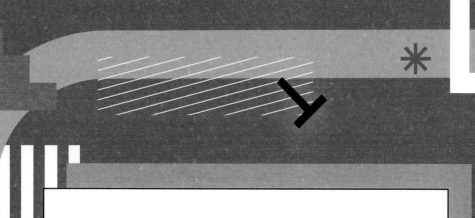

1장
한국의 불평등

한국의
경제적 불평등

한국의 불평등이 심각한 문제라는 점은 우리 모두가 잘 알고 있다. 누군가는 벤틀리를 몰고 타워팰리스에 살면서 어린 자녀들을 미국에서 공부시키고, 누군가는 중고 포터 트럭을 구입해서 자녀들과 함께 택배 배달을 한다. 또 누군가는 가족들과 연락이 끊긴 채 폐지를 수집하며 쪽방에서 혼자 노년의 삶을 버틴다. 같은 대학 울타리 내에서도 누군가는 등록금과 생활비 걱정 없이 좋은 학점을 받는 일에 열중하는 반면, 누군가는 등록금과 생활비를 충당하기 위해 두세 개의 아르바이트를 하며 원하는 공부를 마음껏 할 수 없는 물리적 환경에서 졸업한다. 경제적 불평등은 사람들을 사회적으로 구별하게 만든다. 귀속적 지위로부터 성취적 지위로의 변환이라는 근대화(modernization)가 지속되면서 다시 귀속적 지위의 사회로 돌아간 듯하다. 왜냐하면, 아무리 노력해도 조부모와 부모의 든든한 재력을 가진 자를 따라갈 수 없다는 현실을 관찰하기 때문이다. 불평등은 정책의 결과이며, 정책 결정은 집단적 의사결정의 과정을 거친다. 집단적 의사결정이 정치다. 이익집단을 통해서, 그리고 투표장에서 표출된 사람들의 선호를 어떻게 집계하는지, 집계된 선호를 어떻게 의석으로 배분해서 승자를 결정하는지를 정한 것이 정치제도다. 이렇게 결정된 승자가 정책결정에 매우 커다란 영향력을 행사한다. 따라서 불평등은 정치가 만든 것이다. 불평등은 또한 정치적 결과로 이어진다. 불평등의 심화는 정치가 작동하는 방식과 특성을, 부자에게 유리한 방향으로 변화시킨다.

우리는 이 책에서 왜 한국 민주주의가 불평등을 완화하지 못해왔는지, 그 까닭을 네 가지로 제시한다. 물론 이 책에서 제시된 네 가지의 이유가 전부는 아닐 것이다. 더 많은 요소가 작용했을 수 있다. 넷 중 어느 것이 가장 근원적인가의 문제 또한 다루지 않는다. 이를 위해서는 보다 엄밀한 이론적 논리 전개와 논증이 필요하기 때문이다. 한국 민주주의가 불평등을 완화하지 못해온 네 가지 이유는 투표참여의 소득편향, 소득과 연동되지 않는 투표선택, 정치대표성의 편향, 그리고 정치제도의 문제다. 이를 구체적으로 살펴보기 전에, 우선 이 장에서는 한국의 불평등이 얼마나 심각한지 분석한다.

경제적 불평등은 임금(earnings), 소득(income), 자산(wealth)을 기

준으로 살펴볼 수 있다. 먼저, 임금은 개인이 노동력을 노동시장에 상품으로 판매한 대가로 받는 급여를 말한다. 시급(wage)과 주급 이상인 경우(salaries)를 달리 부르기도 한다. 다음으로, 소득은 주로 가구 차원에서 다룬다. 가구를 기본적인 경제단위로 생각하기 때문이다. 2명이 일한다면 둘의 임금을 합해 그 가구의 근로소득이라고 한다. 이에 사업소득과 재산소득(이자소득, 배당소득, 임대소득 등), 경상이전소득(사회보험 및 사회부조 수혜금, 자선단체나 가족의 재정지원 등), 비경상소득(경조사비, 상금 등 일시적인 소득)을 합하면 가구소득이 된다. 상위 20% 가구의 소득은 하위 20% 가구의 소득보다 몇 배나 많을까? 마지막으로, 자산에는 금융자산(예금·주식 등 저축액, 전월세보증금 등)과 비금융자산(부동산 등)이 더해진다. 자산에서 부채를 빼면 순자산이 된다. 자산은 상위 1%에 얼마나 집중되어 있을까?

임금불평등

다음 그림은 경제협력개발기구(OECD) 자료를 활용해 1984~2022년 시기의 한국 정규직 노동자의 임금불평등 정도를 나타낸 것이다. 2022년에 정규직 노동자 중 상위 10%(P90)의 임금은 하위 10%(P10) 임금의 3.65배, 중위임금(P50)의 2.27배였다. 중위임금은 하위 10% 임금의 1.61배를 기록했다. 위의 그림에서 나타나듯 개선된 수치지만, OECD 국가들과 비교하면 여전히 차이가 큰 편이다. 한국에서 중위임금은 늘 상위 10%보다 하위 10% 임금에 더 가까웠다. 중위임금과 고임금 사이의 거리는 40여 년 전과도 크게 다르지 않다. 한편 하위 10% 임금은 2017년에서 2019년 사이 상위 10% 임금이나 중위임금과의 격차를 상당히 좁혔다. 이는 당시 문재인 정부 초기 16.5%가량 인상된 최저임금의 영향일 것으로 추정된다.

한국의 P90/P10, P90/P50, P50/P10 임금 분포, 1984~2022

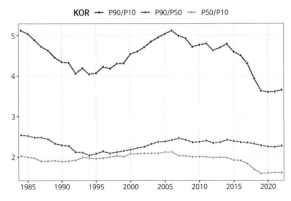

자료: OECD(2023), *Distribution of Earnings Database*

저임금 노동자 비율, 1985~2022

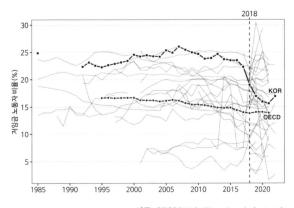

자료: OECD(2023), Wage Levels (Indicator).

위 그림은 1985~2022년 시기 한국의 저임금 노동자 비율을 다른 OECD 국가들의 수치와 함께 나타낸 것이다. 저임금 노동자는 중위임금의 3분의 2 이하를 받는 노동자를 뜻한다. 한국의 저임금 노동자 비율은 미국과 1, 2위를 다투다 2010년대 후반에 들어 낮아졌다. 2016년에 4명 중 1명이 저임금으로 일하고 있었다면(23.5%), 2021년에는 그 비중이 15.6%로 축소되어 OECD 평균 13.9%와 유사했다. 글로벌 스탠더드에 다가선 셈이다. 하지만 2022년에는 다시 16.9%의 노동자들이 저임금 노동자로 분류되었다. 2024년 최저임금 인상률은 2.5%에 지나지 않았으니 이 지표의 감소를 기대하기도 어렵다. 향후 지켜보아야 할 부분이다.

고용형태별 월평균 임금, 2004~2022

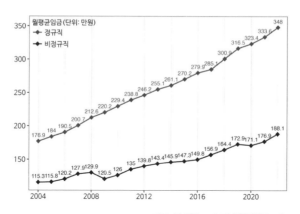

자료: 통계청(2022), 경제활동인구조사.

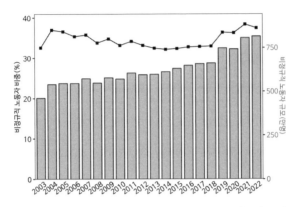

비정규직 노동자의 비중 및 규모, 2003~2022

자료: 통계청(2022), 경제활동인구조사.

　잘 알려져 있듯이, 한국에서는 노동시장지위에 따른 임금불평등이 심각하다. 앞의 그림들은 2004~2022년 시기 정규직과 비정규직 노동자들의 월평균 임금의 추이, 그리고 2003~2022년 시기 비정규직 노동자의 규모 변화를 보여준다. 2022년, 정규직 노동자와 비정규직 노동자의 월평균 임금은 각각 약 348만 원과 188만 원이었다. 고용형태에 따른 임금격차는 줄곧 확대되어왔다. 지난 18년간 정규직의 명목임금은 96.7%가량 증가했으나 비정규직의 경우 63.1% 정도 인상되는 데 그쳤다. 비정규직 노동자가 지속적으로 증가해 2022년에는 815.6만 명에 이르렀음을 감안하면 고용형태에 따른 임금격차의 심화가 매우 심각한 사회경제적 문제임을 알 수 있다.

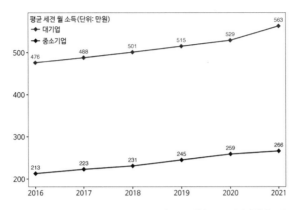

기업 규모별 평균 세전 월 소득(보수), 2016~2021

자료: 통계청(2022), 일자리행정통계.

기업규모별 격차도 불평등 심화의 원인으로 지목되어왔다. 위 그림은 대기업과 중소기업 노동자들의 월평균 임금의 추이를 보여준다. 2021년 시점에서 대기업 노동자들의 평균임금이 563만 원이었던 반면, 중소기업 노동자의 평균임금은 절반에도 못 미치는 266만 원에 불과했다. 그리고 이러한 격차는 확대되는 추세에 있다. 관련해 두 가지의 원인을 생각해볼 수 있다. 먼저, 대기업 노동자들은 노동조합이라는 조직적 보호 수단을 갖춘 경우가 많지만, 중소기업 노동자들은 시장에 그대로 노출되기 쉽다. 다음으로, 한국에는 하도급 관계가 발달해 있다. 높은 생산전속률과 단층화된 거래선은 발주기업과 수주기업 간 관계를 종속적으로 만든다. 납품단가 하락압력을 수용해야 하는 수주업체가 자사 노동자들의 월급을 올려주기는 힘들다.

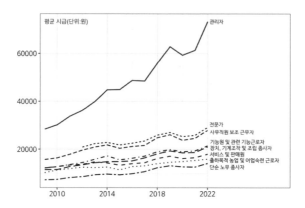

직군별 평균 시급, 2009~2022

평균 시급(단위:원)

관리자

60000

40000

전문가
사무직원 보조 근무자
기능원 및 관련 기능근로자
장치, 기계조작 및 조립 종사자
서비스 및 판매원
출하목적 농업 및 어업숙련 근로자
단순 노무 종사자

20000

2010   2014   2018   2022

자료: ILO(2023), *Wages and Working Time Statistics Database.*

마지막으로, 직업군별 임금의 편차도 상당하다. 위 그림은 최고경영자, 전무이사 등 관리직에 대한 보수가 10여 년 사이 급증했음을 보인다. 2009년에 관리직이 사무직의 1.8배를 받았다면, 2022년에는 2.6배를 받았다. 1980년대 이후 영미권 국가들에서 최고위 경영진의 급여가 폭등하며 부의 분배가 악화일로를 걸었다는 분석과 포개지는 현상이다. 부의 집중이 이들의 정치적 영향력을 강화해왔다는 지적도 세계적인 문제의식을 불러일으키고 있다 (Piketty 2014).

소득불평등

여기에서는 가구 단위로 측정한 소득불평등에 대해 살펴보도록 하자.

소득분위별 평균 연소득과 그 구성, 2021

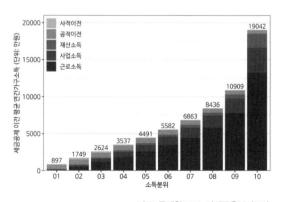

자료: 통계청(2022), 가계금융복지조사.

앞의 그림은 2021년의 소득분위별 평균 세전 연간가구소득을 나타낸다. 10분위의 1억 9,042만 원은 1분위 897만 원의 21배 이상일 뿐 아니라, 9분위나 8분위의 소득보다도 한참 많다. 특히 10분위 재산소득 약 1,870만 원은 1분위 재산소득 약 51만 원의 37배에 달하며, 9분위의 3배, 8분위의 5배 정도다. 근로소득의 경우에도 10분위의 1억 3,246만 원은 1분위의 149만 원뿐 아니라 5분위의 2,609만 원이나 6분위의 3,459만 원과 비교해 매우 많은 편이다.

상위 10%와 상위 1%의 소득집중도, 1980, 2021

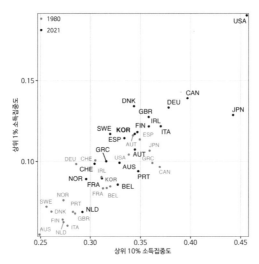

자료: World Inequality Database(2023).

앞의 그림은 1980년의 기록을 회색으로, 2021년의 상황을 검은색으로 표시한다. OECD 회원국들은 대체로 지난 40년간 고소득층으로의 소득 집중을 경험해왔다. 1980년 한국에서 상위 10%가 전체 소득의 32.8%, 1%가 전체의 8% 정도를 차지했다면, 2021년에는 이들이 각각 34%와 12%가량을 점했다. 2021년 하위 50%의 점유율은 약 21.1%였다. 15년 전인 2006년을 보아도 하위 50%의 몫은 약 20.8%로, 요즈음과 별다른 차이가 없다.

10분위별 월평균 실질소득(2020 소비자물가지수=100), 2003~2016

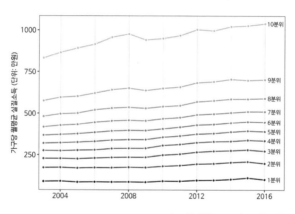

자료: 통계청(2020), 가구동향조사.

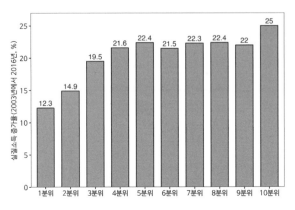

2003년에서 2016년 사이 가구당 월평균 실질소득 증가율

자료: 통계청(2020), 가구동향조사.

영미권 국가들에서나 한국에서나 소득불평등이 심화한 것은 같지만, 그 구체적인 배경은 달랐다는 지적도 있어왔다. 한국에서 불평등의 확대를 가져온 것은 상위 1% 소득의 폭발적 증가였다기보다, 하위 소득집단의 소득 정체였다는 것이다(홍민기 2017). 위의 그림들을 보면 10여 년간의 실질소득 증가율이 전반적으로 미미했다는 것과 그중에서도 하위 10%의 소득은 적게, 상위 10%의 소득은 많이 늘었다는 것을 알 수 있다.

상위 10%와 남은 90%의 격차도 주목된다. 9분위조차 근접하지 못하는 양상이다. 간극이 줄어들 기미 역시 보이지 않는다. 상위 10%와 그다음 10% 간의 차이도 지속적으로 확대되어왔다. 2016년 기준 5분위 가구의 월평균 실질소득은 10분위 가구보다 1분위 가구와 훨씬 가까웠다. 6분위, 7분위까지도 1분위와의 거리가 더

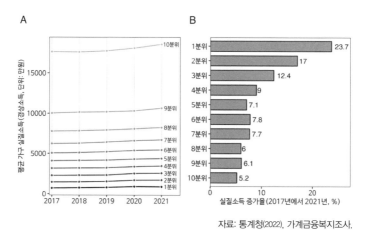

10분위별 평균 가구 실질소득(2020 소비자물가지수=100), 2017~2021

자료: 통계청(2022), 가계금융복지조사.

작았다. '90대 10 사회'라는 표현에는 근거가 있다.

위 그림은 2017년에서 2021년까지의 조사를 활용해 살펴본 소득분위별 실질소득을 나타낸다. 최근의 10분위별 연평균 가구 실질소득은 위의 패널 A에 그렸다. 불평등의 모양이 앞서 검토한 바와 유사하다. 하지만 패널 B는 전혀 다른 변화의 모습을 포착하고 있다. 5년 사이 하위 10%의 실질소득 증가율이 가장 높았던 것이다. 이는 1분위 가구소득에 가장 직접적으로 영향을 미치는 문재인 정부 초기 급격한 최저임금 인상의 효과를 반영한다.

그런데 정부의 정책적 개입이 작동하기 전, 시장에서 획득한 시장소득(market income)이 곧 최종적으로 활용 가능한 소득인 것은 아니다. 조세정책과 복지·재분배정책의 역할이 남아 있기 때문이다.

세금을 내고, 이전지출을 받는 과정을 모두 거친 뒤에 측정한 소득은 가처분소득(disposable income)이라고 한다. 시장소득과 가처분소득은 각각 1차 소득과 2차 소득이라고도 부른다. 이때 시장이 창출해낸 세전소득불평등과 정부가 그를 조절한 뒤에 확인되는 세후소득불평등 간의 차이에서 정부의 재분배 노력 정도가 드러난다. 만일 정부의 조정이 되레 세후소득불평등을 키우는 방향으로 작용한다면 해당 정책은 역진적(regressive)이라 하고, 그를 줄이는 쪽으로 작동한다면 누진적(progressive)이라고 한다.

　전체 가구의 1%가 국민소득의 1%를, 2%가 2%를, 3%가 3%를 가지는 식으로 모든 가구의 소득이 같다면 누적분포에서 45도의 평등선이 그려진다. 물론 현실이 그랬던 적은 없다. 앞서 보았듯 2021년 한국에서도 하위 50%의 소득을 모두 모으면 전체의 50%가 아닌, 21%가 될 뿐이다. 이처럼 가구소득이 일정하다는 가상적인 상황과 우리의 현황이 얼마나 다른지를 0에서 1 사이의 수로 표현한 것이 지니계수(Gini coefficient)다. 실제 소득의 누적분포가 평등선과 겹쳐진다면 0이 되고, 다른 모든 가구의 소득이 전무한데 단 한 가구가 국민소득 전부를 가졌다면 1이 된다. 사회는 언제나 그 사이에 위치한다. 0에 가까울수록 평등한, 1에 가까울수록 불평등한 상황이다. 정책의 불평등 경감 효과도 수치로 말할 수 있다. 세전 지니계수보다 세후 지니계수가 얼마나 작은가를 세전·세후 지니계수 개선율로 점검하면 된다.

2010년대 초반과 2020년대 초반 시장소득 지니계수와 가처분소득 지니계수

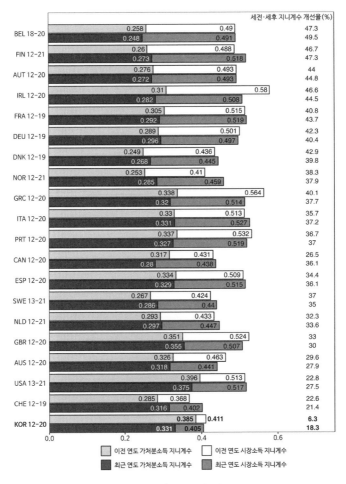

자료: OECD(2023), *Income Distribution Database*.

위 그림은 OECD 주요국들의 세전 지니계수와 세후 지니계수
간 차이를 나타낸다. 국가별로 첫 줄은 2012년에서 2021년까지

의 자료 중 기록이 존재하는 가장 이른 연도, 둘째 줄은 가장 늦은 연도의 지표다. 한국의 경우 2012년에 시장소득 지니계수가 약 0.411이었으나, 가처분소득 지니계수는 0.385 정도였다. 2020년 에는 0.405, 0.331로 모두 감소한 사실이 확인된다. 오른편에는 세전·세후 지니계수 개선율을 적었다. 국가들은 가장 최근 연도 기준 개선율이 높은 순서대로 나열했다. 한국의 18.3%는 8년 전 값에 비하면 큰 진전이라고 할 수 있으나, 벨기에의 49.5%, 핀란드의 47.3%만 아니라 영국의 30%, 미국의 27.5%에도 미치지 못한다. 그림에 잘 나타나듯이 한국 정부의 재분배 노력 및 정책의 효력은 다년간 최하위권에 머물러 있다.

그 결과 2012년과 2022년 모두 한국의 시장소득 지니계수는 다른 국가들보다 높은 편이 아니나, 가처분소득 지니계수는 높은 편이다. 그림에 포함된 국가들 중 벨기에를 제외한 19개국에서 2012년 무렵 한국의 시장소득 지니계수는 17위로 매우 낮았다. 그러나 같은 시기 한국의 가처분소득 지니계수는 2위였다. 시장이 심대한 불평등을 초래했다고 해도 되겠지만, 정부의 정책을 통해 불평등을 완화하려는 노력이 터무니없이 부족했다는 점이 한국을 가장 불평등한 국가 중 하나로 자리매김했다고 해야 더 정확할 것이다. 일상에서 의미가 있는 소득은 가처분소득이기 때문이다. 이제 2020년 전후 20개국을 보면, 한국은 시장소득 지니계수로 19위에, 가처분소득 지니계수로 4위에 해당되었다. 정부의 재분배 노력이 이전 시기보다 증가했지만, 여전히 20개국 중 가장 부족하다.

한국의 불평등 민주주의

시장소득 지니계수와 가처분소득 지니계수, 2011~2021

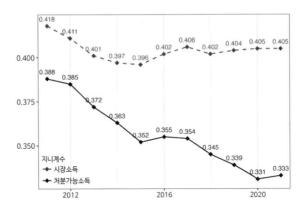

자료: 통계청(2022), 가계금융복지조사.

시장소득 5분위배율과 가처분소득 5분위배율, 2011~2021

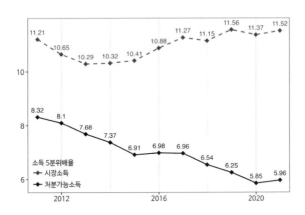

자료: 통계청(2022), 가계금융복지조사.

마지막으로, 소득불평등의 추이를 본다. 최근 들어 가처분소득 지니계수가 시장소득 지니계수보다 작아 정책의 효과가 드러나고, 두 선 사이의 거리가 늘어 최근 증가한 정부의 재분배 노력이 보인다. 또 다른 지표로는 소득 5분위배율이 있다. 상위 20% 가구의 소득이 하위 20% 가구의 소득보다 몇 배나 많은가를 나타낸다. 2011년부터 지금까지 시장소득을 기준으로 상위 20%가 하위 20%의 10배 이상을 가지지 않은 적이 없었다. 정부의 정책적 개입 이후에 계산하면 5.96배가량으로 줄어들지만, 예를 들어 하위 20% 소득 100만 원과 상위 20%의 소득 596만 원은 여전히 큰 차이다.

자산불평등

　여기서는 자산불평등의 추이를 살펴보자.

　다음 그림은 한국의 자산집중도 변화를 다른 국가들의 경우와 비교하고, 상위 1%와 하위 50% 자산점유율의 추이를 나타낸다. 자산집중도는 소득집중도보다 크고, 한국을 포함한 대부분의 국가에서 증가했다. 2021년 한국에서 상위 10%는 전체 자산의 약 59.3%를, 상위 1%는 약 25.7%를 보유하고 있었다. 2021년 하위 50%의 자산점유율은 약 4.68%에 불과했다. 심지어 이는 1995년에서 2021년 사이 감소해온 수치다. 반면, 상위 1% 소득집중도는 대체로 증가세에 있었다.

상위 10%와 상위 1%의 자산집중도(순자산), 1995, 2021

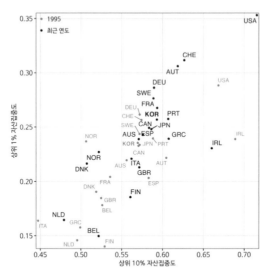

주: 미국(USA)의 최근 연도는 2019년.
자료: World Inequality Database(2023).

한국 상위 1%와 하위 50%의 자산점유율(순자산), 1995~2021

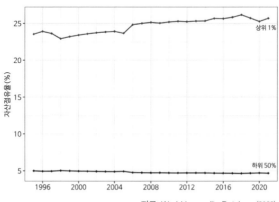

자료: World Inequality Database(2023).

한국의 불평등 민주주의

순자산 10분위별 가구 점유율, 평균 순자산, 자산의 구성, 2017~2022

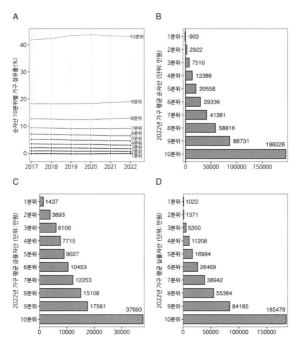

자료: 통계청(2022), 가계금융복지조사.

가구 단위에서도 자산의 편중은 여실히 드러난다. 위 그림의 패널 A에서는 분위별 순자산 점유율의 변동 폭이 매우 작다는 것, 10분위의 보유량이 확연히 많다는 것, 1분위의 부채가 늘 자산을 넘어선다는 것 등이 확인된다. 같은 기간 최저임금정책 등의 영향으로 임금이나 소득의 분포가 변화했음을 고려하면 경제적으로 불리한 계층의 자산형성을 지원하는 것이 보다 어려운 일임을 기억하게 된다. 패널 B에서 분위별 가구당 순자산 보유액을 보면 9분위 가구가 10분위보다 1분위 가구에 가깝다. 패널 C와 D를 통해 자산의 구성만을 보면 금융자산보다 실물자산에서의 격차가 비교적 크다.

정치연구총서 03

2장
민주주의의 이상과 현실

불평등과
재분배

앞 장에서 한국의 임금, 소득, 자산불평등을 보았다. 한국 민주주의는 왜 이러한 불평등을 완화하지 못해왔을까? 그런데 이 질문의 바탕에는 불평등이 민주적 기제에 의해 조정되리라는 가정이 있다. 이 믿음은 어디에서 왔을까?

불평등과 재분배를 둘러싼 정치경제학 연구의 고전, 멜처-리차드 모델(Meltzer-Richard 1981)을 소개한다. 핵심 주장은 불평등의 증가가 재분배의 확대로 이어진다는 것이다. 불평등이 심화하면 자신의 소득이 평균소득보다 낮아지는 중위투표자가 재분배를 보다 원하게 되고, 정당은 다수제 선거의 결과를 결정짓는 이 투표자의 요구를 반영하므로, 더 높은 수준의 재분배가 이루어진다는 예측이다.

멜처-리차드의 이론적 모형에서는 세금을 걷어서 재분배한다. 세금은 소득세뿐이고, 비례적(proportional)이다. 재분배는 전체 세수를 모든 사회구성원이 똑같이 나누는 방식이다. 이러한 세팅에서 재분배정책에 대한 수요가 어떻게 형성될까? 일례로, 5명의 소득이 각각 100만 원, 200만 원, 500만 원, 1,000만 원, 1,200만 원이고, 세율이 10%라면 누가 찬성할까? 세금은 10만 원, 20만 원, 50만 원, 100만 원, 120만 원씩 내게 되니 총 300만 원이 모인다. 재분배 결과 5분의 1 해서 60만 원씩 돌려준다. 따라서 내는 세금보다 재분배로 돌려받는 금액이 더 많은 앞의 3명이 찬성하고, 재분배 액수보다 세금을 더 많이 내는 뒤의 2명이 반대할 것이다. 혹 소득이 600만 원이라면 어떨까? 60만 원을 내고, 그만큼 받으니 세율이 어떻든 개의치 않을 것이다. 즉, 이 모형 세계는 소득이 평균 이하인 사람들이 더 받고, 평균 이상인 사람들이 더 내는 세계다. 그러니 유권자들의 재분배 선호를 알기 위해서는 이들의 소득 수준을 알아야 한다. 자신의 소득이 평균보다 적을수록 높은 세율, 평균보다 많을수록 낮은 세율을 바랄 것이다. 물론 현실에는 소비세, 재산세, 법인세 등이 존재하고, 누진세(progressive tax)가 대부분이며, 사회 전체의 소득분포와 조세 및 재분배정책의 현황 및 결과를 정확히 파악하는 합리적 유권자들만 있는 것이 아니지만, 이러한 모형 설정에서 지금부터 투표를 통해 조세율을 결정하기로 한다.

이 선거에서는 두 정당이 한 의제로 경쟁한다. 모두의 관심사는 조세율이다. 유권자는 기권자 없이 모두 투표한다. 소득분포에서 자신의 위치를 알기 때문에, 선호에 가까운 세율을 공약한 정당에 표를 준다. 승자는 다수결로 정한다. 이때, 정당들은 어떤 세율을 공약으로 제시해야 할까? 중위소득자(median income)가 가장 선호하는 세율이어야 반드시 승리한다. 만약 5명이라면, 앞의 둘은 중위소득자보다 높은 세율을, 뒤의 둘은 낮은 세율을 원할 것이기 때문에 이 중위소득자를 목표해야 세 표를 받을 수 있다. 중위투표자 정리(median voter theorem)에 따르면 다수제하에서 개인들이 가장 선호하는 지점(ideal point)들을 각각 가지고, 이들의 효용(utility)이 모두 그로부터 멀어질수록 감소하는 단봉형 구조를 띨 경우, 중위투표자의 이상점을 이길 수 있는 대안은 존재하지 않는다(Black 1948). 그래서 이 세계의 세율은 사실상 중위투표자의 선호 세율에 조응한다. 다수제 선거제도하에서 둘 이상의 정당이 선거경쟁에 뛰어들기도, 그래서 유권자가 사표 방지 등의 이유로 실제 선호와 달리 뽑는 전략적 투표가 발생하기도 하고, 투표에 참여하지 않는 이들도 있는 것이 현실이지만, 우선 이 세계의 분석을 이어가본다.

보통 불평등이 증가할 때는 고소득층이 늘고, 중간층이 쇠퇴한다. 평균이 유지된다고 가정하면(mean preserving assumption), 불평등의 악화에 따라 중위투표자의 소득은 평균소득보다 작아지는 방향으로 이동한다. 이렇게 평균소득과 중위소득 사이의 거리가 멀어진다는 것은 선거에서 결정적인 투표자인 중위투표자가 더 높은 세율을 선호하게 된다는 것이고, 그에 따라 정부의 재분배가 늘

어난다는 것이다. 이러한 논리적 과정을 거쳐 멜처-리차드 모델은 불평등이 증가하면 재분배도 증가한다고 예측한다. 이를 적용하면, 참정권의 확대는 평균소득 이하의 소득을 올리는 사람들을 유권자로 새로 포함하며, 중위투표자의 소득을 낮추는 것이므로 더 많은 재분배로 이어진다. 한국의 경우, 아래 그림과 같이 중위소득이 평균소득보다 낮다. 최근에는 격차도 늘었다. 멜처-리차드 모델에 의하면 재분배가 함께 늘어나야 하는 상황이다.

임금근로자의 평균소득과 중위소득, 2016~2021

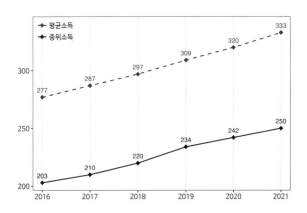

자료: 통계청(2023), 일자리행정통계.

로빈 후드의 역설

(The Robinhood paradox)

　　　　세계의 민주주의 국가들에서 불평등의 증가가 실제로 재분배의 확대를 동반하는가에 대한 논쟁은 진행 중이다. 1장에서 보았듯이 비교적 불평등한 미국보다도 벨기에와 같은 국가들의 세전·세후 지니계수 개선율이 더 크다. 다음 그림은 OECD 국가들의 임금불평등과 공공사회지출의 관계를 나타낸 것이다. 이 그림을 보아도 임금불평등 수준이 높은 국가들에서 오히려 공공사회복지지출이 적다는 점을 알 수 있다. 한국은 그 대표적인 사례 중 하나다. 앞에서 소개한 멜처-리차드 모델의 이론적 예측과 달리, 왜 실제 데이터는 불평등 수준이 높은 나라들이 덜 재분배하고 거꾸로 상대적으로 평등한 나라들이 더 재분배하는 패턴을 보여주는가? 이러한 이론적 예측과 경험적 현상 사이의 간극 문제를 재

정규직 임금불평등과 국내총생산 대비 공공사회복지지출

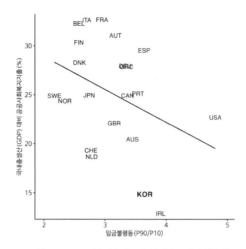

주: 2019–2022, 두 관측치 모두 존재하는 가장 최근 연도.
자료: OECD(2023), *Distribution of Earnings Database;*
OECD(2023), Social Spending (Indicator).

분배의 패러독스, 로빈 후드 패러독스(Robinhood paradox)라고 부른
다. 부자들의 재산을 가난한 사람들에게 주었다던 의적의 이름을
딴 것이다. 이 퍼즐을 설명하는 작업은 많은 정치경제 연구자의 과
업이었다.

한국의 시장소득불평등과 재분배, 2011~2021

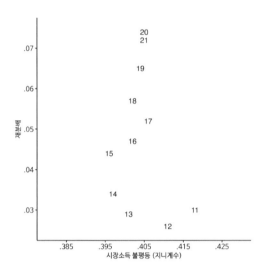

주: 재분배는 시장소득불평등과 가처분소득불평등 간 차로 산출.
자료: 통계청(2022), 가계금융복지조사.

　로빈 후드 패러독스에 대한 다양한 설명들이 있지만, 하나의 설
명은 멜처-리차드 모델이 일국 내에서의 동학을 다루고 있는 만
큼, 각국에서 드러나는 시간에 따른 변화를 관찰해야 한다는 것이
다. 즉, 불평등 정도의 변화와 재분배 노력의 변화를 살펴보아야
한다는 것이다. 레인 켄워시와 요나스 폰투손은 선진 민주주의 국
가들의 자료에서 멜처-리차드 모델의 이론적 예측에 부합하는 경
험적 현상을 확인했다. 국가들을 각각 살펴보면, 시장소득불평등
이 심화되었던 연도에 재분배가 확대되었던 것이다(Kenworthy and
Pontusson 2005). 위의 그림은 2011~2021년 시기 한국의 시장소득

불평등과 재분배 정도의 관계를 보여준다. 그림에 표시된 숫자는 해당 연도를 표기한 것이다. 앞의 그림에서 확인되듯이, 한국의 경우 지난 10여 년 사이 시장소득불평등과 재분배 사이에 일정한 패턴의 상관관계가 나타나지 않았다. 다만 재분배를 위한 정부의 노력이 유독 부족했던 만큼, 최근 들어 재분배 노력의 정도가 차츰 증가하는 추세에 있다.

소득불평등과 재분배 수요, 2015~2017

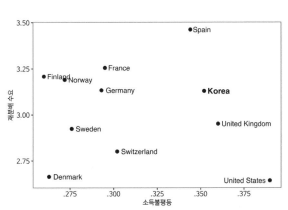

자료: OECD(2023), *Income Distribution Database*; ISSP Research Group(2018), Role of Government Ⅴ-ISSP 2016.

불평등 수준과 재분배정책선호를 연결하는 대목에 착오가 있는 것은 아닐까? 불평등한 사회의 사람들은 정말 재분배를 더 바랄까? 위 그림을 통해 미국의 예외를 제외하면 대체로 그러한 경향이 존재함을 알 수 있다. "귀하는 다음의 각 사항에 대해 정부가 얼마나 책임이 있다고 생각하십니까? 빈부 간 소득격차 완화"라는 질문에 돌아온 "당연히 정부의 책임이 아니다(1)", "아마도 정부의 책임이 아니다(2)", "아마도 정부의 책임이다(3)", "당연히 정부의 책임이다(4)"라는 답변을 국가별로 평균 내어 재분배 수요를 살핀 것이다. 1에 가까울수록 적고, 4에 가까울수록 많다. 2015(2016)년의 가처분소득불평등이 심했다면, 2016(2017)년의 재분배 수요도 강했으리라는 가정이다. 한국의 수요는 3.13점가량으로, 적지 않다. 1,043명의 응답자 중 무려 825명의 응답자가 빈부격차 완화는 정부의 책임이라고 응답했다.

그런데 한국 민주주의는 왜 불평등을 완화하지 못해왔을까? 이 책에서 우리는 정치참여의 소득편향, 경제적 위치에 조응하지 않는 투표선택 및 정책선호, 불평등한 정치대표성, 승자독식의 정치제도라는 네 가지 요인에 주목한다. 이어지는 장들을 통해 저소득층일수록, 고용형태가 불안정할수록 정치에 덜 참여한다는 점, 또 이들이 늘 자신들의 경제적 이익에 부합하는 투표선택과 정책선호를 보여주지는 않는다는 점, 경제적 자원의 편차가 정치적 대표성의 격차로 이어진다는 점, 다수제 정치제도가 보수정당에 유리한 배경이자 보편적인 정책 실현보다는 지역적으로 표적화된 혜택 제공을 택하도록 이끄는 요인으로 작용한다는 점을 제시한다. 이상과 현실의 차이를 가져오는 이유들이다.

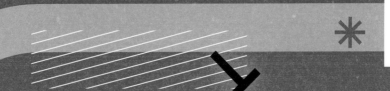

3장
정치참여

투표참여의
소득편향

       이 장에서는 시민들의 정치참여를 살펴본다. 정치참여는 크게 제도적 참여와 비제도적 참여로 구분된다. 투표장에서 유권자로서 한 표를 행사하는 투표참여가 대표적인 제도적 참여다. 비제도적 참여는 집회, 시위, 피케팅, 서명 활동 등의 형태로 이루어지는 참여를 가리킨다. 여기에서는 투표참여에 초점을 둔다. 왜냐하면 투표를 통해 표출된 유권자의 선호와 정치적 선택이 집계된 결과 집합적 민의로 나타난 표심이 선거 승자를 결정하기 때문이다. 또한 선거 승리를 목적으로 한 정당과 정치인들을 추동하는 중요한 요인이 바로 표심이기 때문이다.

  민주주의가 왜 불평등을 완화하지 못해왔는가의 문제와 관련해서 누가 투표하는가, 그리고 누가 기권하는가의 문제가 중요하다.

투표에서 항상 기권하는 계층 또는 집단의 선호와 요구에 대해 정당과 정치인들이 반응할 인센티브가 거의 없기 때문이다. 만일 저소득층, 비정규직 노동자 등 취약계층이 고소득층이나 정규직 노동자보다 덜 투표한다면, 이 집단들이 정치적으로 대표되지 않을 가능성이 더 커진다. 이 점에서 투표참여의 소득편향(income bias in voting)의 문제가 중요하다. 저소득층이 고소득층보다 덜 투표한다는 점은 모든 국가에서 발견되는 세계적 현상이다.

2장에서 멜처-리차드 모델을 소개한 바 있다. 불평등이 증가할수록 재분배도 증가한다는 이론적 예측을 제시한 것이다. 모델의 가정 중 하나는 모든 사람이 투표한다는 것이었다. 그런데 이 가정은 현실에 부합하지 않는다. 거의 모든 나라에서 투표참여의 소득편향이 관측되기 때문이다, 저소득층이 고소득층보다 훨씬 더 많이 기권한다는 사실을 반영해 멜처-리차드 모델의 논리를 다시 전개해보자. 다수제 선거에서 결정적 투표자인 중위투표자(실제 투표한 사람들만을 소득에 따라 위치시켰을 때 정확히 가운데에 있는 사람)의 소득은 멜처-리차드 모델의 세팅에서 조세율에 무차별적인, 즉 내는 세금 액수와 돌려받는 재분배 액수가 같은 평균소득자의 소득보다 높을 가능성이 있다. 다시 말해, 불평등이 증가함에도 중위투표자의 선호 세율이 낮게 나타날 수 있다. 왜냐하면, 상당수의 저소득층 유권자들이 투표하지 않기 때문이다.

저소득층 시민들은 왜 고소득층보다 덜 투표할까? 우선은 시간적 제약이 있을 수 있다. 한국의 선거일은 임시공휴일로 지정되지

만, 많은 저소득층 시민들은 공휴일 여부와 상관없이 일한다. 영세 자영업자일 수도 있고, 임시공휴일 휴무가 없는 열악한 중소기업에서 근무할 수도 있다. 또는 두세 개의 시간제 일자리에 종사하는 경우도 있을 것이다. 반대로 고소득층 시민들은 임시공휴일 휴무가 있는 대기업, 공공기관, 공기업 등에서 근무한다. 또 다른 이유는 정치적 소외(alienation)다. 어느 정당도 자신과 같은 위치에 있는 사람들의 이해와 요구에 반응하지 않는다고 생각한다면, 굳이 투표장에 나가 선택을 할 이유를 찾지 못할 것이다. 저소득층의 정치효능감(political efficacy)은 고소득층보다 낮다. 우리나라 정치가 어떻게 작동하는지에 대해 잘 알고 있다는 내적 효능감이 낮다. 그리고 자신과 같은 위치에 있는 사람들의 목소리가 정치권에 반영되어 정책 결과로 나타난다는 외적 효능감도 낮다. 정치효능감이 낮을 때 정치참여 유인은 감소한다. 또한 소득이 사회적 네트워크와 연관된다. 고소득층은 시민적 참여를 강조하는 규범을 갖는 사회적 네트워크에 속할 가능성이 크지만, 저소득층은 그렇지 않다. 따라서 고소득층은 정치적, 사회적 사안에 대해서 적극적으로 의사를 표시하고 개입하는 경향이 있으나 저소득층은 생업에 초점을 두기에도 벅찬 상황이다.

현실 세계에서 저소득층이 고소득층보다 덜 투표하는, 투표참여의 소득편향은 다음과 같은 정치적 결과로 이어질 수 있다. 첫째, 저소득층의 선호와 정책 요구가 정치적으로 대표되지 않는다. 둘째, 누가 선거에서 승리하게 될지에 영향을 미침으로써 선거 승자가 펼치게 될 정책의 내용과 방향이 저소득층의 이해에 반하는 쪽으로 전개된다. 대체로 고소득층은 꾸준하게 투표장에 나가는 경향이 있다. 따라서 낮은 투표율은 저소득층의 투표참여 정도가 매우 낮았음을 반영하고, 높은 투표율은 평소보다 높은 비율로 저소득층이 투표장에 나왔다는 것을 나타낸다. 이런 점을 반영해서 선거 때마다 민주당 계열 정당들은 투표율이 높기를 바라고, 보수정당은 투표율이 높지 않기를 내심 바란다. 물론 드러내놓고 투표율이 낮았으면 좋겠다고 하지는 않는다.

저소득층이 고소득층보다 덜 투표하므로, 정당과 정치인들은 꾸준하게 투표장에 나오는 고소득층의 선호와 요구를 반영한 입법과 정책을 추진할 인센티브를 갖게 된다. 결과적으로 투표참여의 소득편향이 정당과 정치인의 고소득층 편향성으로 이어진다. 불평등한 반응성(unequal responsiveness)이다. 이처럼 투표참여의 소득편향은 한국 민주주의가 불평등을 완화하지 못하도록 한 하나의 원인이 된다.

한국 투표참여의
소득편향

　　　　　한국 자료는 투표참여의 소득편향과 관련해 어떠한
패턴과 추이를 보여주는가? 〈한국종합사회조사, 2003-2021〉 자
료를 활용해 한국에서 저소득층과 고소득층, 그리고 중위소득 이
하 시민들과 중위소득 이상 시민들 사이에 나타나는 투표참여의
격차를 분석한다.

　투표참여를 측정하기 위해 사용하는 문항은 다음과 같다. "귀하
는 지난 ＿＿선거에서 투표하셨습니까?" 투표했다고 응답했다면
'1', 투표하지 않았다고 응답했다면 '0'으로 코딩했다. 여론조사 문
항을 통해 투표참여를 집계하는 경우, 실제 투표율보다 항상 높게
나타난다. 그 이유는 기권자들의 여론조사 응답률이 낮기 때문이
다. 여론조사에 응답한 사람들은 투표에 참여한 사람들일 확률이

높다. 또 다른 이유는 실제 투표하지 않았으나 투표했다고 응답하는 경우가 많다는 점이다. 투표가 시민의 덕목으로 인식되는 사회적 규범 때문에 허위로 응답할 가능성이 크다(social desirability bias).

〈한국종합사회조사〉 자료에 포함된 세전 가구소득을 묻는 문항은 22개의 소득구간으로 범주화되어 있다. 이 문항을 바탕으로 우리는 다음의 두 가지 측정을 분석에 사용한다. 첫째, 22개의 소득구간을 저소득층-중산층-고소득층으로 구분한다. 여론조사가 수행된 시점의 한국 3인 가구 기준 중위소득(median income)을 활용해서 중위소득의 50%보다 낮은 소득구간을 응답한 사람들을 저소득층으로 구분한다. 중위소득의 50~150%에 해당하는 구간을 응답한 사람들을 중산층으로 구분하고, 중위소득의 150%보다 높은 구간을 응답한 사람들을 고소득층으로 구분한다. 이 구분에 따르면 저소득층은 세전 월 가구소득 149만 원 이하, 중산층은 150만 원~499만 원, 고소득층은 500만 원 이상 집단으로 구분된다. 둘째, 해당 시기 중위소득을 기준으로 중위소득 이하 집단과 중위소득 이상 집단을 구분한다. 중위소득을 기준으로 두 집단을 구분하는 것은 2장에서 소개한 멜처-리차드(Meltzer and Richard 1981) 모델에서 제시한 중위소득과 소득불평등, 그리고 재분배에 관한 연구와 맞닿아 있다.

다음에 제시되는 분석의 대상은 만 19~65세의 응답자로 국한한다. 65세 이상 응답자들을 분석에서 제외한 이유는 다음과 같다. 첫째, 한국 노년층의 빈곤율은 OECD 국가 중 가장 높다. 노년층 중에서 저소득층에 속하는 사람들의 비율이 압도적으로 높다. 둘째, 한국의 청년층보다 노년층은 압도적으로 투표참여율이 높다. 이 점은 사실 왜 정치권에서 청년 관련 정책과 입법 활동보다 노년층 관련 정책이나 입법 활동이 많은가와 연결된다. 예컨대 제한된 예산을 청년층 고용 지원보다 노년층 일자리 확충에 더 많이 할애한다. 이 두 가지 점을 고려하면 가난한 노년층의 압도적 투표율이라는 점이 투표참여의 소득편향을 정확히 분석하기 어렵게 하는 교란 요인(confounding factor)으로 작용할 수 있다.

투표참여의 소득격차(고소득층-저소득층), 2002~2020

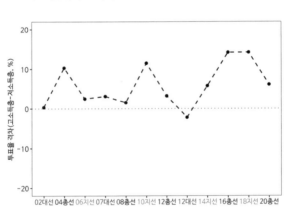

자료: KGSS(2003~2021).

위 그림은 2002년 대통령 선거부터 2020년 국회의원 선거에 이르는 시기 동안 치러진 모든 선거에서 나타난 고소득층 투표참여 응답 비율과 저소득층 투표참여 응답 비율의 차이를 보인 것이

한국의 불평등 민주주의

다. 지표가 0보다 큰 것은 고소득층이 저소득층보다 더 많이 투표
했다고 응답한 것을 가리킨다. 0보다 작다면 거꾸로 저소득층 시
민들이 고소득층보다 더 많이 투표했다고 응답한 것이다. 앞의 그
림이 제시하듯이 2012년 대통령 선거를 제외한 21세기 한국 선거
모두에서 고소득층이 저소득층보다 더 많이 투표에 참여했다. 고
소득층과 저소득층의 투표 격차가 가장 크게 나타난 선거는 2016
년 국회의원 선거(고소득층 82.2%/저소득층 68.1%)와 2018년 지방선거
(고소득층 85.4%/저소득층 71.2%)로 약 14% 차이를 보였다. 지난 2020
년 국회의원 선거에서는 고소득층 84.8%와 저소득층 78.7%가 투
표에 참여했다고 응답해서 그 격차가 약 6%로 줄어든 것을 볼 수
있다.

투표참여의 소득격차(중위소득 이상-중위소득 이하), 2002~2020

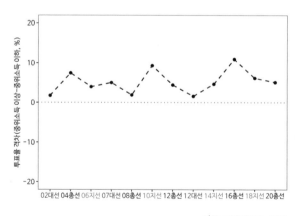

자료: KGSS(2003~2021).

앞의 그림은 중위소득 이상 집단과 중위소득 이하 집단의 투표 참여 응답 비율의 격차를 보여준다. 중위소득을 기준으로 두 집단의 투표참여를 보았을 때, 분석 시기에 포함된 선거들에서 항상 중위소득 이상 집단의 투표참여가 많았다는 점을 알 수 있다. 2016년 국회의원 선거에서 10%포인트 격차로 가장 큰 차이를 보였다. 2012년 대통령 선거에서 그 격차가 약 2%포인트로 가장 작게 나타났으나, 그랬음에도 중위소득 이상 집단의 투표참여가 더 높았다.

여기에서 생각해보아야 할 문제는 투표참여에 영향을 미치는 여러 가지 변수들이 서로 밀접하게 연결되어 있다는 점이다. 예를 들어, 소득과 교육수준의 상관관계가 크지 않을까. 대학 졸업자가 고소득층이고, 학력수준이 낮을수록 저소득층일 가능성이 크지 않을까. 그렇다면, 투표참여에 영향을 미칠 수 있는 요인들을 모두 고려한 후에도 투표참여의 소득편향이 발견될까. 다음에서 우리는 간단한 회귀분석을 활용해서 여러 요인을 동시에 분석 모형에 포함했을 때 소득이 투표참여에 미치는 효과가 어떻게 나타나는지 살펴본다. 투표참여 여부를 종속변수로 하고, 연령대, 성별, 소득, 교육수준을 독립변수로 포함해서 소득수준이 투표참여(투표한 경우 1, 그렇지 않은 경우 0의 이분형 변수)에 실제로는 영향을 미치지 않으나, 영향을 미치지 않는다는 귀무가설을 잘못 기각한 채 영향을 미친다고 주장하는 오류를 범할 확률이 일정 수준(대개는 5%) 이하인가를 점검하기 위해 시행한다. 회귀분석은 〈한국종합사회조사〉 각 연도별 자료를 개별적으로 사용해서 시행했다. 그 이후 다른 변수들을 모두 평균값에 고정한 후, 중위소득 이하를 중위소득 이상으로 변화시키면 투표참여 확률에 얼마만큼의 변화가 나타날지 시뮬레이션을 수행했다. 아래 그림은 그 결과를 보여준다.

소득의 변화에 따른 투표참여 예측확률의 변화, 2002~2020

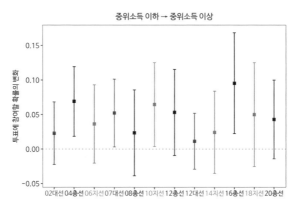

주: 그림의 점들은 연령과 성별, 교육수준을 각 연도별 응답자들의 평균에 고정한 후 소득계층만을 달리해 투표에 참여할 예측확률의 차이를 구한 것이다. 양(+)의 값은 다른 조건들이 동일할 때 소득수준을 중위소득 이하에서 이상으로 변화시킨다면 투표참여의 예측확률이 높아짐을 뜻한다. 선들은 95% 신뢰구간을 표시한다.

자료: KGSS(2003~2021).

  그림은 성별, 교육수준, 연령대가 같은 중위소득 이하인 사람을 중위소득 이상으로 변화시키면 투표참여 확률이 높아질 것이라는 점을 보여준다. 95% 신뢰구간이 0을 포함하는 경우도 여럿 발견되지만, 2004년 국회의원 선거, 2007년 대통령 선거, 2010년 지방선거, 2016년 국회의원 선거의 경우에는 중위소득을 기준으로 한 소득효과(income effect)가 분명히 나타난다는 점을 알 수 있다.

통계적으로 유의미하지 않은, 즉 95% 신뢰구간이 0을 포함하는 경우에도 예측확률은 항상 양수(+)를 나타냈다. 2016년 국회의원 선거의 경우 한 유권자의 성별, 교육수준, 연령대를 고정하고 그 사람의 소득을 중위소득 이하에서 중위소득 이상으로 변화시킨다면, 즉 같은 사람이 중위소득 이상 집단에 속할 정도로 소득이 높아진다면, 그 사람의 투표참여 확률이 약 10% 높아진다는 예측을 보여준다.

소득계층과 정치효능감, 2014

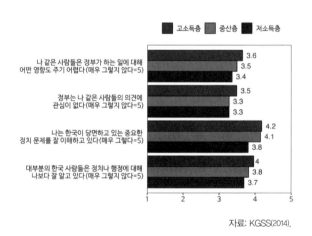

자료: KGSS(2014).

위 그림은 고소득층, 중간소득층, 그리고 저소득층이 느끼는 정치효능감의 차이를 보여준다. 앞에서 투표참여의 소득편향이 나타나는 이유 중의 하나가 정치효능감의 차이라고 언급한 바 있다. 과연 데이터는 무엇을 보여주는지 살펴보자. 위 그림은 2014년 〈한국종합사회조사)의 정치효능감 관련 문항들을 활용해서 분석한 것이다. "나 같은 사람들은 정부가 하는 일에 대해 어떤 영향도 주기 어렵다"라는 외적 효능감을 측정한 것인데, 1~5의 척도에서 고소득층이 3.6, 중간소득층이 3.5, 그리고 저소득층이 3.4로 소득이 낮을수록 외적 효능감이 낮음을 볼 수 있다. "정부는 나 같은 사람들의 의견에 관심이 없다"라는 문항도 외적 효능감을 측정한다. 마찬가지로 고소득층이 3.5, 중간소득층과 저소득층이 모두 3.3으로 나타나 고소득층의 외적 효능감이 다른 소득계층보다 높다는 점을 알 수 있다. "나는 한국이 당면하고 있는 중요한 정치문제를 잘 이해하고 있다"라는 문항은 내적 효능감을 측정한다. 마찬가지로 소득이 낮을수록 내적 효능감이 낮게 나타났다(고소득층 4.2, 중간소득층 4.1, 저소득층 3.8). 또 다른 내적 효능감 측정은 "대부분의 한국 사람들은 정치나 행정에 대해 나보다 잘 알고 있다"라는 문항을 사용한다. 이 또한 소득이 낮을수록 내적 효능감이 낮다는 점을 보여준다(고소득층 4, 중간소득층 3.8, 저소득층 3.7). 앞에서 제시한 대로, 고소득층은 정치효능감이 높으므로 투표에 참여할 유인과 동기부여가 높지만, 저소득층은 정치효능감이 낮아서 투표참여의 동기부여 정도가 훨씬 낮다는 점을 엿볼 수 있다.

투표참여의 소득격차와 재분배, 2012~2021

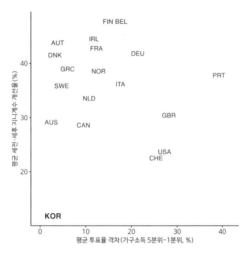

주: 프랑스와 미국은 대통령 선거 관련, 그 외의 국가들은 국회의원 선거 관련 설문이 자료에 존재한다. 만 19~65세를 대상으로 한다.

자료: CSES(Module 4, Module 5); OECD(2023), *Income Distribution Database*.

지금까지 한국 자료에 나타난 투표참여의 소득편향을 살펴보았다. 두 가지 질문이 뒤따른다. 첫째, 국제 비교의 시각에서 한국의 투표참여의 소득편향은 어느 정도인가. 둘째, 투표참여의 소득편향 정도와 정부의 재분배 노력은 어떤 관계를 나타내는가. 이 질문을 검토하기 위해서 위 그림은 2012~2021년 시기 Comparative Study of Electoral Systems 자료와 OECD 자료를 활용해서 OECD 국가들의 소득 상위 20%의 투표율과 하위 20% 투표율의 격차, 그리고 정부의 재분배 노력 정도를 보여주는 세전-세후 지니계수 개선율의 관계를 나타낸 것이다.

앞의 그림은 여러 가지 사실을 확인시켜준다. 첫째, 소득 상위 20%와 하위 20% 투표율의 격차가 국가별로 큰 차이를 보인다는 점이다. 포르투갈의 경우 투표율 격차가 40%포인트에 가까운 것으로 나타났지만, 오스트리아, 덴마크, 스웨덴 등의 경우는 낮은 격차를 보였다. 어떤 제도적 요인이 투표참여의 소득편향 정도의 국가 간 차이를 결정하는가는 더 엄밀한 연구를 요구하는 질문이다. 앞의 그림을 살펴보았을 때 영국과 미국, 스위스 등 자유주의 유형의 국가이자 복지국가가 상대적으로 작은 곳에서 고소득층과 저소득층 사이에 커다란 투표참여 격차가 보인다. 반대로 덴마크와 스웨덴 등 복지국가가 발전한 북유럽 국가들에서 이 격차는 작은 것으로 나타났다. 프랑스, 네덜란드, 독일, 이탈리아 등 대륙 유럽 국가들이 이 중간에 위치한다. 제도화된 사회정책을 시행하는 복지국가에서 시민들의 정치효능감이 높을 것이라는 점은 이해하기 쉽다. 왜냐하면 사회복지정책을 통해서 정부가 나 같은 사람들의 요구와 의사를 반영해서 정책을 펼친다는 점을 체험하기 때문이다. 사회정책이 보편적일 때, 즉 최대한 많은 사람에게 수급권이 부여될 때, 더 많은 사람이 정치효능감을 느낄 것이다.

둘째, 우상변의 포르투갈과 좌하변의 한국을 제외하고 투표참여 소득격차와 재분배 노력 정도의 관계를 보면 부(−)의 상관관계를 관측할 수 있다. 즉 투표참여의 소득격차가 클수록 정부의 재분배 노력 정도는 낮은 것으로 나타난다. 반대로 투표참여의 소득격차가 작은 나라들이 조세정책과 재분배정책 등을 통해서 더 많은 재분배 노력을 기울인 것으로 보인다. 저소득층이 더 많이 투표할수록 정당과 정치인들의 반응성이 높아질 것이고, 그 정책적 결과 시장이 창출하는 불평등 정도가 완화될 수 있을 것이다.

앞의 그림에서 한국은 예외적인 사례인 것으로 보인다. 2012~2021년 시기 투표참여의 소득격차가 국제 비교의 시각에서 상대적으로 낮은 동시에 재분배 노력의 정도도 낮게 나타났다. 왜 그럴까. 혹시 투표장에 나오는 저소득층이 지지하는 정당이 재분배 노력을 우선하는 정당이 아닌 다른 정당일까.

고용형태와
투표참여

　　　　　앞의 질문을 살펴보기 전에 한국 시민들의 고용형태
와 투표참여의 관계에 대해 보기로 하자. 1990년대 이후, 중요한
구조적 변화인 노동시장 이중화(dualization)가 한국에서뿐만 아니
라 세계적으로 대두되었다. 노동시장 이중화는 노동자들이 안정적
인 고용계약을 갖는 노동시장 내부자(labor market insiders)와 불안정
한 고용계약을 맺는 노동시장 외부자(outsiders)로 구분되어 그 간극
이 구조화되었다는 개념이다(Rueda 2007). 노동시장 내부자는 대체
로 정규직 노동자에 해당하고, 노동시장 외부자는 다양한 비정규,
비정형 고용형태를 가진 노동자를 가리킨다. 노동시장 외부자들이
더 실업에 취약하고 고용불안을 상시로 느낀다. 특히 한국과 같이
저발전된 복지국가를 갖는 나라들의 노동시장 외부자들은 다양한

사회보험의 혜택을 받지 못하는 열악한 상태에 빠지게 된다. 대부분의 노동조합은 노동시장 내부자들을 중심으로 조직화되어 있다. 따라서 단체교섭에 있어 노동시장 내부자들과 외부자들의 이해가 충돌할 때 노동조합은 내부자들이 선호하는 방향의 스탠스를 취하게 된다. 기실 노동조합 지도부도 내부자들이다. 마치 소득이 높고 자산이 많은 사람으로 채워져 있는 국회에서 의정활동이 대부분 고소득층 편향을 보이는 것과 마찬가지 이치다.

그렇다면 한국에서 고용형태에 따라 투표참여의 격차가 관찰되는가? 앞에서 제시한 시뮬레이션 예측을 다시 반복하기로 하자. 역시 만 19~65세의 응답자들을 대상으로 한다. 설문에서 임시직, 일용직, 시간제 노동을 한다고 응답한 사람들을 외부자로 분류하고, 상용직 노동자들을 내부자로 분류한다. 소득, 교육수준, 성별, 그리고 연령대를 포함한 이항 로짓 회귀분석을 시행한 후에, 다른 변수들을 평균값에 고정시킨 상태에서 한 사람을 노동시장 외부자에서 내부자로 변화시킬 때 투표참여의 예측확률이 어떻게 나타나는지를 살펴보았다.

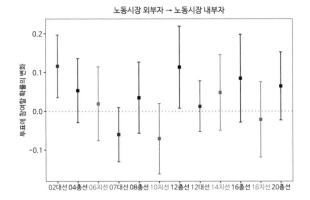

고용형태의 변화에 따른 투표참여 예측확률의 변화, 2002~2020

주: 그림의 점들은 연령과 성별, 소득, 교육수준을 각 연도별 응답자들의 평균에 고정한 후 고용형태만을 달리해 투표에 참여할 예측확률의 차이를 구한 것이다. 양(+)의 값은 다른 조건들이 동일할 때 고용형태를 노동시장 외부자에서 내부자로 변화시킨다면 투표참여의 예측확률이 높아짐을 뜻한다. 선들은 95% 신뢰구간을 표시한다.

자료: KGSS(2003~2021).

위 그림은 시뮬레이션 예측 결과를 나타낸다. 선거 국면마다 다른 효과를 보이기는 하지만, 대부분 노동시장 내부자로의 변화 효과는 투표참여의 예측확률을 높이는 것으로 나타났다. 특히 2002년 대통령 선거와 2012년 국회의원 선거의 경우에는 고용형태 변화 효과가 통계적으로 유의미한 것으로 분석되었다. 그 효과의 정도는 약 11~12%포인트 투표참여 확률의 증가다.

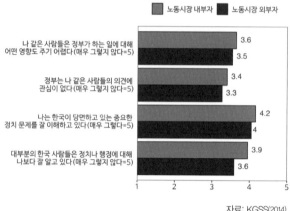

고용형태와 정치효능감, 2014

■ 노동시장 내부자 ■ 노동시장 외부자

나 같은 사람들은 정부가 하는 일에 대해
어떤 영향도 주기 어렵다(매우 그렇지 않다=5)
3.6
3.5

정부는 나 같은 사람들의 의견에
관심이 없다(매우 그렇지 않다=5)
3.4
3.3

나는 한국이 당면하고 있는 중요한
정치 문제를 잘 이해하고 있다(매우 그렇다=5)
4.2
4

대부분의 한국 사람들은 정치나 행정에 대해
나보다 잘 알고 있다(매우 그렇지 않다=5)
3.9
3.6

자료: KGSS(2014).

다음으로 노동시장 내부자의 정치효능감은 외부자보다 높을까? 노동시장 외부자일수록 덜 투표한다면 그 원인 중의 하나가 상대적으로 낮은 정치효능감일까. 위 그림은 앞에서 보았던 외적 효능감 관련 두 문항, 그리고 내적 효능감을 측정한 두 문항 모두 노동시장 내부자가 외부자보다 높은 정치효능감 수치를 나타냈다는 점을 보여준다. 노동시장 내부자가 더 정치효능감이 높고 더 많이 투표한다는 점을 제시한다. 이는 정치효능감 효과일 수도 있고, 노동조합에 의한 동원화 결과일 수도 있다. 한국 노동조합 조직률이 2022년 기준 약 14%를 기록했다. 그런데 정규직 노동자의 노조 가입률이 약 23%인 반면에 비정규직 노동자의 노조 가입률은 2% 정도에 그쳤다.

다음 장에서는 한국 시민들의 정책선호와 투표선택을 살펴본다. 왜 한국 민주주의는 불평등을 완화하지 못해왔는가에 대한 두 번째 이유를 파헤쳐 보자.

정치연구총서 03

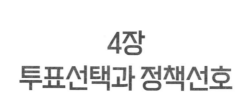

4장
투표선택과 정책선호

＊

　이 장에서는 왜 한국 민주주의가 불평등을 완화하지 못해왔는가에 대한 두 번째 이유를 살펴본다. 한국 유권자들은 소득에 기반해서 자신들의 삶을 더 나은 방향으로 바꿀 수 있는 정책을 제시하는 정당을 지지하고 투표장에서 선택하는가? 한국 저소득층들은 복지정책과 재분배정책을 지지하는가? 자료가 무엇을 보여주는지 살펴보고, 왜 우리가 관측하는 경향과 패턴이 나타날지를 논의해보기로 하자.

경제적 위치에 따른
투표선택

약 10년 전부터 언론매체에서 시작된 '계급배반투표'라는 표현이 회자되었다. 한국 유권자들 중 저소득층에 해당하는 사람들이 보수정당을 지지하는 현상을 가리키는 용어다. 이 용어는 학술적인 개념이 아니다. 소득과 계급은 동일한 개념이 아니다. 소득이 개인 또는 가구수준에서 측정된 소득인 반면에, 계급은 개인의 직업군과 기술숙련도를 고려해서 구분한 개념이다. 언론매체의 '계급배반투표' 용어에는 직업군/기술숙련도에 대한 고려는 전혀 없이 왜 가난한 사람들이 보수정당을 지지하는가의 문제제기만 포함되어 있을 뿐이다. 따라서 '계급배반투표'라는 표현보다는 '소득에 기반하지 않는 투표'라는 표현이 더 정확할 것이다.

한국의 저소득층은 보수정당을 지지하는가? 그렇다면 왜 그럴까. 우선 자료가 무엇을 보여주는지 살펴보자. 미국의 정치학자 놀란 맥카티와 키스 풀, 하워드 로젠탈(McCarty et al. 2006)이 『Polarized America』라는 저서에서 제시한 방식을 따라 〈한국종합사회조사〉 자료를 활용해서 한국 유권자들의 정당지지 계층화 지수와 투표선택 계층화 지수를 측정했다. 즉, 고소득층에 속하는 유권자 중에서 보수정당지지율과 저소득층 중에서 보수정당지지율의 비율(ratio)로 정당지지 계층화 정도를 측정한다. 그리고 고소득층 중에서 보수정당 후보에게 투표한 사람들의 비율을 저소득층 중에서 보수정당 후보에게 투표한 이들의 비율(ratio)로 나누어 투표선택 계층화를 측정한다. 비율 지수이기 때문에 이 수치가 1이라면, 그것이 의미하는 바는 고소득층과 저소득층 두 집단에서 보수정당지지(투표선택)의 비율이 똑같다는 것이다. 이 수치가 1보다 크다면, 고소득층 중에서 보수정당지지(투표선택) 비율이 저소득층의 그것보다 높다는 것이다. 1보다 작은 수치는 거꾸로 저소득층의 보수정당지지(투표선택) 비율이 더 크다는 점을 나타낸다. 그렇다면 한국 자료는 어떤 수치를 보여주는가?

소득계층과 정당지지의 계층화(고소득층/저소득층), 2003~2020

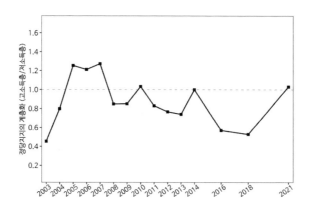

주: 계층화 지수는 고소득층의 보수정당지지율을,
저소득층의 보수정당지지율로 나눈 값.
자료: KGSS(2003~2021).

위 그림은 2003~2020년 시기 한국 유권자들의 소득계층에 따른 정당지지의 계층화 정도를 나타낸다. 분석은 만 19~65세 응답자만을 대상으로 했다. 앞에서 언급한 대로 수치 1을 기준으로 보면, 대부분의 시기에 수치가 1보다 작은 것으로 나타났다. 이는 저소득층 중에서 보수정당을 지지하는 사람들의 비율이 고소득층 중에서 보수정당을 지지하는 사람들의 비율보다 높았다는 점을 보여준다. 2005~2007년 시기와 2010년, 그리고 2021년에는 고소득층의 보수정당지지율이 저소득층의 그것보다 약간 높았음을 알 수 있다. 2003년에 정당지지 계층화 지수가 0.45였던 반면에, 2021년에는 1.03을 나타냈다.

저소득층의 보수정당지지율이 고소득층의 그것보다 더 높다는 점은 사실 놀랍다. 게다가 이 분석에서는 많은 사람이 저소득층에 속하면서도 보수정당지지 정도가 매우 높은 65세 이상 노년층을 제외했기 때문에 더욱 그러하다.

소득계층과 투표선택의 계층화(고소득층/저소득층), 2004~2020

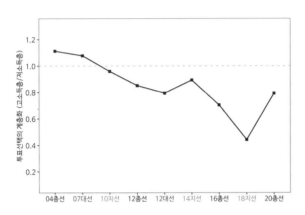

주: 계층화 지수는 고소득층의 보수정당 투표율을,
저소득층의 보수정당 투표율로 나눈 값.
자료: KGSS(2003~2021).

위 그림은 2004~2020년 시기 투표선택의 계층화 수치를 보여 준다. 앞에서와 마찬가지로 수치 1을 기준으로 해서 보면, 2004년 국회의원 선거와 2007년 대통령 선거 시기를 제외하고 이후 선거 들에서 저소득층의 보수정당 후보 투표 비율이 고소득층의 그것보 다 높게 나타났다. 2018년 지방선거에서 가장 큰 격차로 저소득층 중에서 보수 후보 투표 비율이 고소득층보다 높았다. 2004년 국회 의원 선거에서 계층화 지수가 1.11이었던 반면에, 2020년 국회의원 선거의 지수는 0.79를 나타냈다. 대부분의 시기에 저소득층의 보수정당지지와 투표선택 비율 모두가 고소득층의 보수정당지지 및 투표선택 비율보다 높게 나타난 것이다.

한국 자료가 보여주는 이러한 패턴은 맥카티와 공저자들(McCarty et al. 2006)이 2차 세계대전 이후 미국정치 연구에서 보여주었던 패턴 및 추이와 반대되는 것이다. 미국에서는 거의 모든 시기에 고소득층 중에서 공화당 지지(투표) 비율이 저소득층 중에서 공화당 지지(투표) 비율의 1.5~2.5배 정도로 높게 나타났다. 뿐만 아니라 1980년대 이후 미국의 소득불평등이 심화되면서 정당지지 및 투표선택의 소득계층화가 더 뚜렷하게 나타나는 추이를 보여주었다. 퍼즐은 왜 한국에서는 이와 반대되는 현상이 지속적으로 나타났는가에 있다. 1장에서 살펴본 것처럼 한국의 임금, 소득, 자산불평등은 증가해왔으나, 정부의 재분배 노력은 다른 선진 국가들보다 턱없이 낮은 수준에 머물러 왔다. 미국의 경우 불평등의 심화가 소득계층에 따른 투표선택을 더 뚜렷하게 보여주었다. 한국은 앞으로 어떤 추이를 보여줄까? 물론 최근 트럼피즘 현상을 보면, 미국의 저소득층, 특히 저숙련 백인 노동자들이 열광적으로 트럼프를 지지하는 것을 목도하게 된다. 유럽에서도 저숙련 노동자들의 고용불안과 이민 문제가 포퓰리스트 극우정당에 대한 지지와 맞닿아 있는 것을 볼 수 있다. 그렇다면, 소득계층보다는 고용불안의 정도가, 즉 불안정한 일자리에 시달리는 프레카리아트(precariat) 계층인가, 아니면 안정적인 일자리를 갖는 계층인가의 구분이 중요한 것인가.

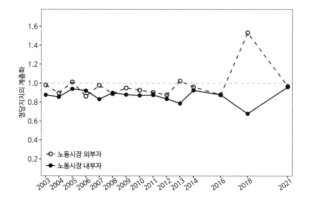

고용형태와 정당지지의 계층화, 2003~2021

주: 계층화 지수는 노동시장 외부자들의 보수정당지지율을 전체 설문 응답자들의 보수정당지지율로 나눈 값과, 노동시장 내부자들의 보수정당지지율을 전체 설문 응답자들의 보수정당지지율로 나눈 값.

자료: KGSS(2003~2021).

위 그림은 안정적인 고용계약을 갖는 노동시장 내부자와 임시직, 일용직, 시간제 노동 등 불안정한 고용계약을 맺는 노동시장 외부자의 보수정당지지 정도를 비율로 나타낸 것이다. 만 19~65세 응답자 전체 중에서 보수정당지지 비율 대비 내부자, 외부자의 보수정당지지 비율의 정도를 각각 보여준다. 그림은 내부자와 외부자 모두 대체로 전체 응답자보다 보수정당지지 비율이 낮게 나타났음을 보여준다. 또한 노동시장 외부자가 내부자보다 상대적으로 보수정당을 더 지지해왔다는 점을 관찰할 수 있다. 그러나 전체 응답자 대비 노동시장 외부자의 보수정당지지 비율이 1을 넘은 적은 거의 없다. 2021년 조사에서는 외부자 0.97, 내부자 0.96의 수

한국의 불평등 민주주의

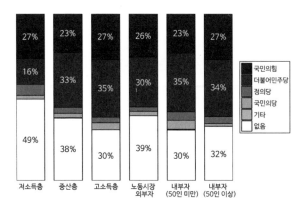

소득계층 및 고용형태와 정당지지, 2021

27%	23%	27%	26%	23%	27%
16%	33%	35%	30%	35%	34%
49%	38%	30%	39%	30%	32%
저소득층	중산층	고소득층	노동시장 외부자	내부자 (50인 미만)	내부자 (50인 이상)

범례:
- 국민의힘
- 더불어민주당
- 정의당
- 국민의당
- 기타
- 없음

자료: KGSS(2021).

치를 나타냄으로써 거의 차이를 보이지 않았다.

위 그림은 2021년 조사에서 나타난 소득계층 및 고용형태에 따른 정당지지를 보여준다. 몇 가지 특징이 두드러진다. 우선 저소득층과 노동시장 외부자 중 지지정당이 없다고 응답한 사람들의 비율이 각각 49%와 39%로 압도적으로 높다. 저소득층의 절반 가까운 응답자들이 지지정당이 없다고 답한 것이다. 이는 어느 정당도 자신들의 이해와 요구를 반영하지 않는다는 정치적 소외 효과, 그리고 낮은 정치효능감과 연결되어 있다. 저소득층의 16%, 중간소득층의 33%, 그리고 고소득층의 35%가 민주당을 지지한다고 응답했다. 반면에 국민의힘 지지는 저소득층, 중간소득층, 그리고 고소득층에서 고르게 나타났다. 정의당 지지는 저소득층 7%, 중간소득층 4%, 고소득층 3%, 그리고 외부자 3%, 내부자(50인 미만 사업장) 5%, 내부자(50인 이상 사업장) 4%인 것으로 조사되었다.

복지국가를
지지하지 않는
저소득층

　　　앞에서 소득계층 및 고용형태에 따른 정당지지 및 투표선택의 패턴과 추이를 살펴보았다. 미국정치 연구에서 관찰되어온 불평등 심화와 정당지지/투표선택 소득계층화의 연계 패턴이 한국 자료에서는 관측되지 않았다. 정당지지나 투표선택은 상당 부분 어떠한 대안들이 메뉴에 제시되느냐에 영향을 받는다. 한국정치에서 그럴 수 있다. 그렇다면, 복지정책이나 재분배정책에 대한 선호는 소득계층에 따라 분명하게 차이를 보이는 것으로 관측될까? 한국에서 소득계층에 따른 정책선호는 어떤 패턴을 보이는가? 저소득층은 다른 소득계층보다 더 많은 복지지출, 더 관대한 복지국가, 그리고 더 많은 재분배를 선호하는가?

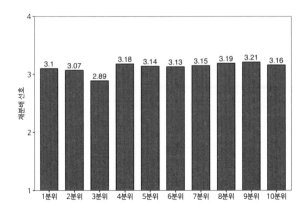

소득분위와 재분배 선호, 2016

자료: ISSP Research Group(2018), Role of Government V-ISSP
2016; 통계청(2022), 소득분배지표.

위 그림은 한국의 가구소득 분위에 따른 재분배 선호를 보여준
다. 〈국제사회조사프로그램〉(International Social Survey Programme:
Role of Government V, 2018) 자료 중 2016년 한국에서 조사된 자료를
활용한다. 재분배정책선호는 다음의 문항을 활용한다. "전반적으
로 부자와 가난한 사람들의 소득격차를 줄이는 것은 정부의 책임
이라고 보십니까?" 응답은 1~4로 측정되었는데, 3이 "대체로 그
렇다", 4가 "당연히 그렇다"라는 응답이다. 즉, 수치가 높을수록
재분배 선호가 높은 것으로 측정된다. 가구소득을 10분위로 구분
해서 재분배 선호를 그래프로 표시했다. 그림은 1~3분위에 속하
는 저소득층의 재분배 선호가 다른 소득분위보다 상대적으로 낮다
는 점을 보여준다. 중간소득층과 고소득층의 재분배 선호는 큰 차

이를 나타내지 않았다. 두드러진 점은 저소득층의 낮은 재분배 선호와 다른 소득계층들의 상대적으로 높은 재분배 선호다.

한국 저소득층이 다른 소득계층보다 더 재분배 선호가 낮다는 점은 하나의 퍼즐처럼 보인다. 하지만 비교정치경제 분야의 학자들은 멜처-리차드 모델 등이 이론적으로 제시해왔던 소득과 재분배 선호의 반비례 관계에 대한 의문을 탐구해왔다. 소득이 낮은 계층일수록 더 많은 재분배정책을 통해 낮은 시장소득을 보전받는 것이 경제적으로 합리적이다. 소득이 높은 계층은 그들에게 부과될 높은 세금을 감당하기 싫어하므로 최소한의 재분배정책을 선호하는 것이 합리적이다. 이러한 합리적 추론에 반해, 실제 각국 시민들의 선호를 측정한 여론조사 결과 상당히 많은 저소득층이 재분배를 반대하거나, 꽤 많은 고소득층이 재분배정책을 지지하는 것으로 나타났다. 그럼 왜 그럴까.

누가 왜 복지국가를 원하는가?[*] 어떤 요인들이 재분배 및 사회정책에 관한 선호를 결정하는가? 시민의 복지 및 재분배 선호에 관해서는 매우 방대한 문헌이 축적되어왔고, 최근에도 지속적으로 새로운 이론적 주장과 경험적 발견들이 발표되고 있다. 간단하게 연구내용들을 정리하는 일은 쉽지 않지만, 소득과 재분배 선호의 관계, 그리고 실업 위험과 재분배 선호의 관계를 두 축으로 접근할 수 있다. 우선, 저소득층일수록 재분배정책과 복지정책을 선

[*] 다음의 논의는 권혁용(2017), 『선거와 복지국가』 1장 내용을 상당 부분 활용했다.

호할 것이다. 불평등과 재분배 연구의 출발점이 되는 멜처-리차드 모델(Meltzer-Richard 1981)은 평균소득보다 소득이 낮은 유권자는 높은 수준의 재분배를 원할 것인데 소득불평등의 증가는 다수제 선거에서 결정적인 투표자인 중위투표자(median voter)의 소득을 평균소득 이하로 점점 더 떨어뜨리기 때문에 더 높은 수준의 재분배로 이어질 것이라는 이론적 예측을 제시한다.

다른 맥락의 연구들은 객관적, 주관적 실업위험이 높을수록 재분배를 원할 것이라는 주장을 펼친다. 실업위험은 기업 또는 산업 특정기술을 지닐수록(Iversen and Soskice 2001), 상대적 실업률이 높은 직업군에 속할수록(Rehm 2016) 높다. 소득과 실업위험의 상관관계가 중요하다는 연구도 있다. 필립 렘과 공저자들(Rehm et al. 2012)의 연구에 따르면, 재분배나 사회정책의 확대를 위한 대중지지 형성에 유리한 구조는 소득과 위험의 상관관계가 낮은 상황에서 형성된다. 저소득층 중에 실업 위험 정도가 낮은 집단이 많고, 고소득층 중에 고실업위험군이 많을수록 소득과 위험이 상호교차(cross-cutting)하는 구조를 갖는다. 이런 조건에서 사회정책 확대를 위한 폭넓은 친복지 연합이 형성될 가능성이 크다.

대중의 요구에 관한 분석들로부터 파생되는 경험적 퍼즐은 다양하다. 첫째, 왜 어떤 저소득층은 경제적 이익에 반해서 재분배를 지지하지 않는가? 둘째, 왜 어떤 고소득층은 재분배를 지지하는가? 셋째, 어떤 조건에서 중위투표자가 친복지 선호를 갖게 되며, 어떤 상황에서 반복지태도를 보이는가? 넷째, 소득이나 위험이 재분배 및 사회정책선호에 미치는 영향은 어떤 제도적, 거시적 맥락에 의해 다르게 나타나는가?

이론적 예측이나 통설과 달리 저소득층이 재분배를 지지하지 않는 이유에 관한 연구는 대개 경제적 요인 이외의 다른 요인들의 영향을 강조해왔다. 국가정체성이 강한 저소득층일수록 계급정체성보다는 국가정체성에 바탕한 정책선호를 형성해서 재분배를 덜 지지한다는 주장이 있다(Shayo 2009). 노동조합원이 아닌 저소득층의 경우 노동조합원인 저소득층보다 객관적인 경제적 이해관계에 대한 정확한 정보를 제공받지 못하고, 그에 따른 선호를 형성하지 못하기 때문에 재분배 지지가 상대적으로 낮다는 연구가 발표되었다(Mosimann and Pontusson 2017). 래리 바텔스(Larry Bartels)가 언급했던 '계몽되지 않은 자기이익'(unenlightened self-interest)을 추구하게 되는 것이다(Bartels 2008). 또는 당파적 지침(partisan cue)을 매개로 해서 재분배 선호를 형성할지도 모른다. 개인의 정치적 당파성이 정책 사안에 대한 입장을 어떻게 정할지를 안내하는 것이다. 보수정당을 지지하는 저소득층이 재분배를 지지하지 않는 경우다. 한국의 경우 보수정당을 지지하는 TK 지역의 저소득층 노인의 반복지 태도를 떠올리면 될 것이다.

그렇다면 왜 어떤 고소득층은 재분배정책을 지지할까? 더 많은 세금을 부담하더라도 더 많은 재분배가 필요하다고 생각하는 고소득층의 동기는 무엇일까? 한 연구에 따르면, 특히 불평등 정도가 높은 사회에서 고소득층이 공정한 분배정의의 규범을 따라 재분배를 원한다(Finserras 2009). 불평등 수준이 높은 환경에서 높은 범죄율에 대한 두려움이 고소득층으로 하여금 재분배를 지지하게 만든다는 연구도 발표되었다(Rueda and Stegmueller 2016). 그런데 여기에서 인종/에스닉(ethnic) 동질성 여부가 중요할 수 있다. 한 국가 내의 소수 에스닉 집단이 저소득층에 집중되어 있다면, 즉 다수 에스닉 집단이 더 많은 세금을 부담해서 이루어지는 재분배와 사회정책의 주된 수혜계층이 피부와 언어, 종교가 다른 소수 집단이라면 중산층과 고소득층은 재분배를 지지하지 않을 가능성이 높다(Gilens 2012). 이러한 논리가 왜 미국인들은 복지국가를 싫어하는가에 대한 하나의 설명이 된다.

선거정치에서 결정적 투표자로 알려진 중위투표자는 언제 친복지태도를 갖고, 어떤 상황에서 반복지태도를 나타내는가? 중위투표자가 포함된 중간계층의 소득수준이 저소득층의 소득수준과 가까운지, 아니면 고소득층의 소득수준과 가까운지에 따라 사회적 친화성(social affinity)이 다르게 나타나기 때문에 소득분포와 불평등의 구조가 중요하다는 연구가 있다(Lupu and Pontusson 2011). 소득수준에 있어 중산층과 저소득층의 거리가 중산층과 고소득층의 거리보다 가까울 때 중위투표자는 저소득층과 사회적 친화성을 키우게 되며, 그에 따른 재분배 선호를 갖게 된다는 것이다. 반면에 사회적 거리(social distance)라는 사회심리학적 메커니즘이 아니라 노동시장 분절화(labor market segregation)가 저숙련-저소득-소수집단과 고숙련-중산층이상-다수집단으로 구조화된 경우, 중위투표자가 재분배에 반대한다는 주장을 제시한 연구도 발표되었다(Alt and Iversen 2017).

　민주주의 사회에서는 개인 또는 집단의 선호가 형성, 표출되고, 선거제도에 따라 다양한 과정인 '선호의 집합화' 과정을 거쳐 정책 산출로 이어진다. 또한 정책환류효과(policy feedback effect)가 있다. 즉, 재분배나 사회정책이 거꾸로 선호에 영향을 미칠 수 있다. 일례로 시민이 느끼는 실업 위험이 실업보험 선호에 미치는 영향은 그 나라의 고용보호 수준에 따라 다르게 나타날 것이라는 주장이 제시되었다(Gingrich and Ansell 2012). 고용보호 수준이 높은 나라에서는 고용보호 수준이 낮은 나라보다 위험이 실업보험 지지로 이어지는 정도가 강하게 나타났다. 이렇듯 소득이나 위험이 재분배 및 사회정책선호에 미치는 영향의 강도가 기존 사회정책 프로그램이나 소득불평등 정도 등 국가 수준의 맥락에 따라 다르게 나타난다는 점이 연구되어왔다.

　이러한 다양한 설명 중 몇 가지를 더 자세히 소개하면서, 한국 자료가 어떠한 패턴을 보이는지 살펴보도록 한다.

국가정체성

       왜 어떤 저소득층 시민들은, 본인의 경제적 이익에 반해서 재분배정책 확대를 지지하지 않을까? 이스라엘의 경제학자 모제스 샤요(Shayo 2009)는 이 질문에 답하기 위해 시민들이 계급정체성 이외에도 사회적 정체성(social identity)에 따라 선호와 행동규범을 형성한다는 점에 초점을 두었다. 사실 모든 사람들은 다중정체성을 갖고 그에 부합하는 사회규범을 생각하면서 정책선호와 정치 행태를 보인다. 누군가의 딸이지만 여성이고 청년 세대며 정규직 노동자이자 자랑스런 한국 사람일 것이다.

  샤요는 소득에 따라 구획된 계급정체성과 국민으로서의 자긍심을 측정한 국가정체성(national identity), 두 가지 정체성에 초점을 둔다. 그는 저소득층의 계급정체성이 그 사회의 약자 계층으로서의 정체성이기 때문에, 저소득층일수록 그 사회의 지배적 다수를 형성하는 국가정체성을 더 강화하는 형태가 발견될 것이라고 주장한 바 있다. 국가정체성이 강한 저소득층일수록 그들의 경제적 이익이 아니라, 국가경제 또는 국민으로서 거시적 경제발전 및 성장에 분배갈등이 해악적이라는 규범을 내면화하게 되면서, 반복지태도를 갖게 될 것이라는 주장이다. 경제적 이해관계와 계급정체성이 정책선호를 형성하는 것이 아니라, 일반적으로 다양한 형태의 사회적 정체성이 정책선호를 형성할 수 있다. 국가정체성은 그러한 사회적 정체성의 하나다. 샤요의 주장은 이러한 다중정체성에 따른 선호 갈등이 저소득층에게서 더 강하게 나타날 것이라는 것이다. 고소득층의 경우에 계급정체성이 이미 사회 내에서 지배적인 지위를 차지하기 때문에 굳이 국가정체성에 영향을 받아 사회경제적 정책선호를 형성할 이유가 없다. 따라서 국가정체성이 강한 저소득층일수록 재분배정책을 지지하지 않는다. 한국의 경우 노년층 빈곤율이 매우 높고, 노년층의 국가정체성이 높으며, 노년층의 보수적 정치성향이 매우 강하다. 한국 사회에서 국가정체성과 민족주의에 대한 강조가 지배적 언술로 오랫동안 자리 잡은 역사적 경험이 있기 때문에 샤요의 논의는 한국 사회에 적실성이 크다. 그러면 한국 자료는 무엇을 보여주는가?

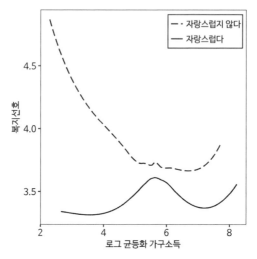

자료: KGSS(2014).

　위 그림은 소득수준과 국가정체성에 따른 복지태도를 나타낸 것
이다. 〈한국종합사회조사〉 2014년 자료를 활용했다. 2014년 자료
에 국가정체성에 관한 문항이 포함되어 있기 때문이다. 우선 국가
정체성은 다음의 문항으로 측정한다. "귀하는 한국 국민인 것을 어
느 정도 자랑스럽게 생각하십니까?" 1~5의 척도로 응답이 제시되
어 있는데, 여기에서는 "별로 자랑스럽지 않다", "전혀 자랑스럽지
않다"라는 응답을 "자랑스럽지 않다"로 구분하고, "다소 자랑스럽
다", "매우 자랑스럽다"라는 응답을 "자랑스럽다"로 분류해서 국
가정체성이 낮은 집단과 높은 집단, 두 집단으로 구분해서 살펴본
다. 다음으로 복지태도에 대한 측정은 다음 문항을 사용한다. "귀

하는 한국의 사회복지 지출을 앞으로 어느 정도 줄이거나 늘려야 한다고 생각하십니까?" 응답은 "많이 줄여야 한다", "다소 줄여야 한다", "현재 수준을 유지해야 한다", "다소 늘려야 한다", "많이 늘려야 한다"의 1~5점 척도다. 응답자가 직접 기입한 월 가구소득을 가구원 수에 따라 균등화한 값에, 즉 가구소득을 가구원 수의 제곱근으로 나눈 값에, 로그값(log)을 취한 것이 앞의 그림의 x축이다.

샤요의 논의에 부합하는 증거다. 한국의 저소득층 중에서 한국 국민인 것을 자랑스러워 하는 사람들은 그렇지 않은 사람들보다 반복지태도가 현격히 높은 것으로 나타났다. 국가정체성이 계급정체성을 압도해서 자신들의 경제적 이해에 반하는 복지태도를 갖는 것이다. 반대로 한국 국민인 것을 자랑스러워하지 않는 저소득층들은 매우 높은 수준의 친복지태도를 보였다. 국가정체성에 따른 복지태도의 차이는 가구소득이 높아질수록 저소득층보다는 뚜렷하게 나타나지 않았다. 그랬음에도 모든 소득계층에서 국가정체성이 강할수록 그렇지 않은 집단보다 낮은 수준의 친복지태도를 보여주었다.

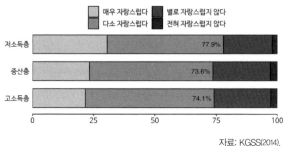

소득계층과 국가정체성

	매우 자랑스럽다	별로 자랑스럽지 않다
	다소 자랑스럽다	전혀 자랑스럽지 않다

저소득층 77.9%
중산층 73.6%
고소득층 74.1%

자료: KGSS(2014).

위 그림은 2014년 자료에서 나타난 소득계층에 따른 국가정체성의 정도를 보여준다. 저소득층에서 한국 국민인 것을 "매우 자랑스러워" 하는 응답자 비율이 가장 높게 나타났다. 중간소득층, 그리고 고소득층이 뒤따랐다. 전반적으로 "매우 자랑스럽다"와 "자랑스럽다"를 합한 비율은 저소득층 77.9%, 중간소득층 73.6%, 그리고 고소득층 74.1%를 기록했다.

국제 비교의 접근을 하면 어떤 패턴을 보일까? 다음 그림은 〈국제사회조사프로그램-국가정체성 III〉 자료와 OECD 자료를 활용해 국가 수준에서 측정한 국가정체성 수치와 세전-세후 지니계수 개선율을 보여준다. 시민들의 평균 국가정체성이 높은 국가일수록 낮은 수준의 재분배 노력을 보여주는가? 위 그림의 x축은 "귀하는 귀하 나라의 국민인 것이 얼마나 자랑스러우십니까?"라는 문항에 대해 "매우 자랑스럽다"라고 응답한 사람들의 비율을 나타낸다. 위 그림을 보면 대체로 국가정체성이 높은 국가들에서 재분배 노

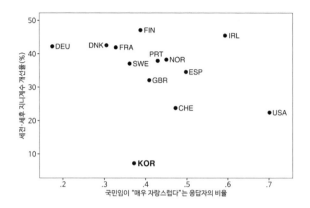

국가정체성과 재분배

주: 독일, 포르투갈, 노르웨이, 스페인, 미국은 2014년, 덴마크, 프랑스,
스웨덴, 한국, 핀란드, 영국, 스위스, 아일랜드는 2013년 기준.
자료: ISSP Research Group(2015), National Identity III–ISSP 2013;
OECD(2023), *Income Distribution Database*.

력의 정도가 낮게 나타났음을 알 수 있다. 재분배 노력이 다른 나
라보다 턱없이 낮은 한국을 제외하면, 미국이 가장 국가정체성이
높고 재분배 노력이 낮은 것으로 나타났다. 반대로 덴마크, 독일,
핀란드, 스웨덴 등이 상대적으로 낮은 수준의 국가정체성과 높은
수준의 재분배 노력의 조합을 보였다. 한국은 국가정체성이 국제
비교의 측면에서 중간 수준을 보였는데, 세전-세후 지니계수 개선
율은 가장 낮은 수치를 기록했다. 위 그림에서 제시된 패턴도 샤요
의 논의를 뒷받침하는 경험적 증거라고 할 수 있다.

정보 문제

　　　　　저소득층이 복지국가를 지지하지 않고, 더 많은 재
분배정책을 선호하지 않는 또 다른 이유는 정보(information)의 문제
때문일 수 있다. 소득에 따른 재분배 선호의 연계에 필요한 정보
요건은 다음과 같다. 우선 자신의 소득이 전체 소득분포에서 어디
에 위치하는지를 어느 정도 정확히 인지해야 한다. 즉 객관적인 소
득분포상의 위치와 주관적 인식 사이의 간극이 얼마나 큰가, 그리
고 어느 방향으로 나타나는가의 문제다. 다음으로 조세제도와 복
지정책과 재분배정책의 개입 결과 자신의 경제적 이익 또는 손해
가 어떻게 나타나는가에 대한 정보의 문제다. 자신의 위치를 오인
하거나 조세-재정 시스템에 대한 정보가 부족하므로 자신의 경제
적 이익에 반한 정책선호를 갖게 될 수도 있는 것이다.

응답자의 객관적 소득 위치 분포(좌)와 주관적 소득 위치 분포(우)

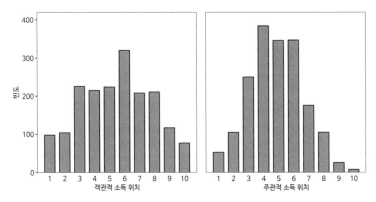

자료: 권혁용·김대용·박찬혁(2022).

위 그림은 2022년 온라인 설문 실험 응답자 1,800명이 자신의 주관적 소득 위치를 표기한 것과 응답자들의 객관적 소득분포상의 위치를 비교한 것이다. 객관적 소득분포에서 저소득층에 속하는 사람들 중 주관적으로 중간소득층으로 상향 오인하는 응답자 비율이 높게 나타난다. 또한 객관적으로 상층에 속하는 사람들의 주관적 소득계층의 하향 오인도 보인다. 응답자들 중 일부에게 객관적 소득분포상의 위치에 대한 정보를 주었을 때 그러한 정확한 정보를 주지 않은 경우보다 복지정책 및 재분배정책에 대한 선호가 소득에 조응해 나타난다는 분석 결과가 보고되었다(권혁용 외 2022). 정보 처치 효과다. 어떤 저소득층 시민들이 재분배정책을 지지하지 않거나 복지정책 확대를 반대하는 이유 중의 하나는 우리 사회의 소득분포에서 자신이 정확히 어디에 위치하며, 그로부터 정책 결과 자신이 어떤 경제적 이익을 얻게 될지에 대한 정보가 부족하기 때문이다.

또한 조세정책과 사회복지정책 및 재분배정책의 결과 어떤 이득과 손해를 볼지에 대한 정보도 부족하기 때문이다. 로버트 달(Dahl 2007)은 『정치적 평등에 관하여』(On Political Equality)에서 언급한 바 있다. "내가 생각하기에 최소한 이상적 민주주의란 다음과 같은 특징을 필요로 한다. (중략) 공동체의 구성원들이 여러 가지 대안적인 정책들의 효과에 대해 정확하게 이해할 수 있는 기회를 모두 가져야 한다."

사적 대체재

　　재분배정책으로서의 교육 그리고 주택정책에 관한 연구는 밴 앤젤(Ben Ansell 2010, 2014)의 연구들에서 잘 나타난다. 앤젤은 정부당파성에 따라 고등교육정책의 차이가 나타난다는 주장을 제시하는데, 좌파정부가 상대적으로 평등한 고등교육정책을 추진하는 반면에, 우파정부는 엘리트 중심의 고등교육정책을 펼친다는 점을 보여준다. 흥미로운 것은 엘리트 중심의 고등교육정책이 시행되는 곳에서 주택시장 가격의 편차는 해당 거주지가 제공하는 교육수준과 연동된다는 점이다(Gingrich and Ansell 2014). 노동시장 이중화의 문제나 교육정책, 주택정책 이슈는 우리 사회에 중요한 이슈들이라는 점에서, 이러한 연구들이 우리에게 던지는 질문이나 함의는 크다.

경제성장이 정체되고 이전 시기보다 경제위기의 순환주기가 더 빈번하게 관측되는 현대사회에서 복지국가의 사적 대체재(private alternatives)에 관한 논의가 이루어져 왔다. 주택으로 대표되는 부동산이 영구소득(permanent income)으로 작동하면서 복지국가의 대체재로서 기능한다. 대부분의 개인이 구입하게 되는 가장 고가의 상품인 주택의 가격이 상승할수록 이후 실업이나 은퇴, 그리고 질병 등 위험을 마주할 때 주택을 팔아 현금화함으로써 위험에 대처하기에 좋다는 것이다. 일종의 자구책(self-help)이다. 우리 사회에서 은퇴 후 매우 적은 연금소득을 고려할 때, 은퇴 이후에 생활비나 자녀들의 결혼 지원, 또는 의료비 지출을 위해 집을 팔고 지방도시로 이주하거나 평수를 줄여서 이사하는 경우를 종종 보게 된다. 만일 한국 복지국가가 넉넉한 연금, 중병에 대한 적은 의료비 부담 등을 제도화했다면 관찰하기 힘든 광경일 것이다. 실업이나 상병 등 노동시장으로부터의 위험이나 출산, 육아, 은퇴 등 생애주기에 따른 위험으로부터 사회적으로 보호하고 사회보험을 제공해서 사회적으로 수긍할 만한 수준의 생활을 유지할 수 있게 하는 것이 복지국가다. 그것이 부족한 탓에 주택, 부동산, 예금 등 사적 대체재를 통해 자구책을 마련하는 것이다.

저소득층 시민이 치솟는 주택가격을 감당하지 못해 주택 마련이 어렵거나 비싼 의료비를 감당하지 못하는 경우 의존하게 되는 것이 금융 대출이다. 이 또한 복지국가의 사적 대체재다. 시민 대부분은 대출을 통해 주택을 구입한다. 소득의 상당 부분을 대출 이

자와 원금을 상환하는 데 지출한다. 구입한 주택의 가격이 상승하게 되면, 복지정책이나 재분배정책에 대한 선호가 감소하게 되고 증세를 반대하게 된다. 대출 권하는 사회, 주택 마련이 자산축적의 중요한 기반이 되는 사회에서 복지국가 발전에 대한 선호는 높게 나타나지 않는다. 서로 대체재로 작동하기 때문이다. 이것이 한국의 모습이다.

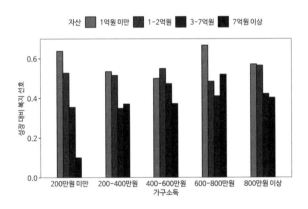

소득과 자산과 복지선호

자료: EAI 대선패널조사(1차, 2022).

위 그림은 동아시아연구원의 대선패널조사(2022)를 활용해서 응답자들의 소득, 자산, 그리고 복지태도의 관계를 나타낸 것이다. y축은 "현재 우리 사회에서 복지와 성장 중 어느 쪽이 더 중요하다고 생각하십니까?"라는 문항에 대해 복지가 더 중요하다고 응답한 사람들의 비율을 나타낸다. 그림은 소득이 동일하더라도, 자산이 많은 사람은 그렇지 않은 사람보다 복지가 더 중요하다고 응답하는 비율이 낮게 나타났다는 점을 보여준다. 소득보다 자산이 복지 태도의 차이를 더 잘 나타낸다는 점을 알 수 있다. 복지국가가 제도화되지 않아서 사적 대체재를 추구하게 되고, 사적 대체재를 어느 정도 마련한 사람들은 복지보다 성장이 더 중요하다는 태도를 보이게 된다.

정치연구총서 03

5장
정치대표성

정치대표성이란

　　한국 민주주의가 왜 불평등을 완화하지 못해왔는가에 대한 세 번째 설명은 정치대표성(political representation) 문제다. 주권자인 시민을 대표해서 입법 활동을 하는 주권자의 임시 대리인인 국회의원들이 과연 주권자들을 대표하는가? 국회의원들은 누구를 대표하는가? 국회의원들은 시민들의 이해와 요구에 대해 불평등하게 반응하는가? 한국 국회의원들은 우리 사회의 고소득층과 고학력층 시민을 더 많이 대표하는가?

　　현대 민주주의 사회에서 고소득층과 고학력층이 정치적으로 더 잘 대표되는 현상에는 불평등한 자원 배분이라는 구조적 조건이 존재한다. 여기에서 불평등하게 배분된 자원은 능력, 사회적 네트워크, 그리고 돈과 시간 등을 가리킨다. 첫째로 고소득층과 고학력층은 저소득층 및 교육수준이 낮은 계층보다 정치, 사회, 경제적 현안에 대한 자신들의 입장과 선호를 분명히 표출할 수 있는 능력을 갖추고 있다. 저소득층의 경우 노동조합 등 결사체를 통하지 않고서는 그럴 기회와 역량이 부족한 것이 사실이다. 둘째로 고소득층과 고학력층은 학연 등의 사회적 네트워크를 통해서 정치인들을 직접 접촉할 기회가 더 많다. 직접 대면하는 기회를 통해 자신들의 이해관계와 요구를 전달하게 된다. 셋째로 고소득층 및 고학력층은 저소득층보다 정치인에게 공식적 (그리고 어쩌면 비공식적) 후원을 더 많이 하며, 선거 캠페인에 기여할 가능성이 더 크다. 이러한 구조적 조건은 정치인이 고소득층 및 고학력층의 이해를 더 많이 반영하게 되는 요인으로 작동한다.

또한 미국의 사례를 보면, 소득과 자산이 정치적 영향력으로 이어지게 되는 데는 제도적 환경의 변화가 뚜렷하게 작동했다는 점을 알 수 있다. 여기에는 기업이나 부자들의 이익을 로비나 정치후원금 기여 등을 통해 더 많이 입법에 반영하도록 해왔다는 점이 있다. 반대로, 노동조합 등 노동자나 저소득층을 대변하는 이익결사체의 조직률이나 영향력은 1980년대 이후로 지속적으로 하락해왔다. 덧붙여서 최근 들어 선거 캠페인은 더욱 고비용 경쟁으로 전개되어 왔다. 이러한 제도적 환경의 변화는 한국 상황에도 적용할수 있을 것이다.

다른 한편, 국회의원들 자신이 고소득층 및 고학력층이기 때문에 당연히 불평등한 반응성(unequal responsiveness)—저소득층의 이해는 거의 반영하지 않는 대신에 고소득층의 요구에 민감하게 반응하는 현상—을 관찰하게 된다고 볼 수 있다. 미국 정치학자 래리 바텔스(Bartels 2008)는 『불평등한 민주주의』(Unequal Democracy)라는 저서에서 미국의 상원의원들이 자신이 대표하는 주의 저소득층의 민의에 대해서는 거의 무시하고, 고소득층의 여론에 대해서 상당히 높은 수준으로 반응했다는 분석 결과를 보고했다. 놀라운 것은 저소득층 여론에 대한 무시는 공화당 의원이나 민주당 의원 모두에게서 공통적으로 발견되었다는 점이다. 고소득층 여론에 대한 반응성의 정도는 공화당 의원에게서 뚜렷하게 관측되는 반면에 민주당 의원들의 반응성은 그보다 훨씬 낮은 수준이었다. 이 외에도 미국 자료를 분석한 많은 연구가 불평등한 반응성 및 대표성을 확인했다. 정치학자 마틴 질렌스(Gilens 2012) 또한 미국 사회 소득 및 자산 정도가 더 커다란 정치적 영향력 행사로 이어진다는 점을 보여준 바 있다. 정치학자 노암 루푸와 요나스 폰투손이 엮은 『불평등한 민주주의들』(Unequal Democracies)은 바텔스가 미국정치에서 관측한 불평등한 반응성과 대표성 문제가 미국뿐만 아니라 서구 선진 민주주의 국가에서 공통적으로 관측되는 현상이라는 점을 보여주고 있다(Lupu and Pontusson eds. 2024). 그렇다면 한국에서도 불평등한 반응성 및 대표성 문제가 관측될까? 그렇다면 얼마나 심각한가?

정치대표성은 기술대표성(descriptive representation)과 실질대표성(substantive representation)으로 구분해서 살펴볼 수 있다. 기술대표성은 "국민을 닮은 국회를 구성하자"라는 정의당 심상정 의원의 발언이 정확히 의미하는 바다. 국민의 절반이 여성이라면 국회의석의 절반을 여성 의원이 차지해야 하고, 국민의 20%가 청년 세대라면 국회의석의 5분의 1이 청년 세대 의원으로 채워져야 하며, 국민의 30%가 생산직 노동자라면 국회의석 중 100석이 생산직 노동자 출신 의원으로 구성되어야 한다는 아이디어다. 물론 모든 다양한 세대, 성별, 직업군, 계층을 모두 정확하게 반영해서 기술대표성을 충족하는 것은 불가능하다. 그럼에도 불구하고 대표성의 원칙으로 '국민을 닮은 국회'는 민주주의에서 중요하다. 실질대표성은 의원들의 의정 및 입법 활동이 실제로 자신이 대표하는 세대, 성별, 직업군, 계층의 이익을 위한 것인가의 문제와 닿아 있다. 노동조합 간부 출신 의원들은 노동계급의 이익을 위한 입법 활동을 하는가? 한국 노동조합이 비정규직 노동자에 대해 다소 배타적인 입장을 보이는 것을 고려하면, 노조 간부 출신 국회의원들이 노동시장 이중화 시대에 정규직 노동자에게 편향된 의정활동을 하고 있지는 않은가? 왜 일부 여성 의원들이 여성가족부 폐지를 지지하고 나서는가?

기술대표성:
조응성

우선 기술대표성 또는 형식대표성에 관해 살펴보자. 정치인들이 얼마나 국민과 닮은 사람들인가의 문제다. 기술대표성은 주권자인 국민의 정치적 대리인들이 우리 사회 전체 사회구성원의 분포를 반영해야 한다는 원리를 가리킨다. 의원들의 이념성향 분포가 전체 유권자의 그것보다 보수적이거나, 의원들이 전체 유권자보다 훨씬 부자라면, 유권자들과 의원들은 서로 조응하지 못하는 물질적 토대를 갖게 될 것이다. 물적 토대가 다른 사람들로 국회가 구성되는 것이다. 법조인, 관료, 정치인들로 주로 구성되는 국회가 일반 시민들의 삶의 고충을 얼마나 이해할 수 있을까. 한국의 자료가 무엇을 보여주는지 살펴보자.

연령별 · 성별 국회의원 수, 2023

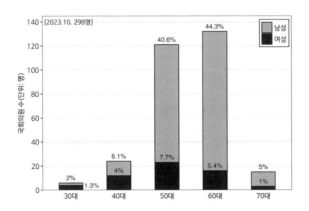

자료: 국회사무처(2023), 국회의원 인적사항.

위 그림은 2023년 대한민국 국회의원들의 연령별, 성별 분포를 나타낸 것이다. 압도적 다수(90%)가 50대 이상 의원들이다. 30~40대 의원들은 10%에 불과하다. 여성 의원들의 비율은 19.1%인데, 이 중 압도적 다수가 50대 이상의 여성들이다. 장년 및 노년 정치인들이 지배적인 정치체제다.

다음 그림은 OECD 국가들의 여성 의원 비율과 각료들의 평균 연령을 보여준다. OECD 국가 중에서 여성 의원 비율이 높은 곳은 스웨덴, 노르웨이, 핀란드, 덴마크 순서로 북유럽 국가들이었다. 반대로 여성 의원 비율이 낮은 곳은 일본, 한국, 그리스, 아일랜드, 미국 순서로 나타났다. 북유럽 국가들을 비롯해 여성 의원 비율이 높은 나라들은 모두 비례대표제를 선거제도로 채택하고 있다. 한국은 19.1%로 일본 다음으로 낮은 수치를 기록했다. 각료들의 평

여성 의원 비율(2023) 및 각료의 평균 연령(2022)

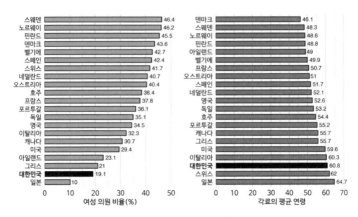

자료: OECD(2023), *Government at a Glance.*

균 연령을 보면, 마찬가지로 일본의 각료 평균 연령이 64.7세로 가
장 높고, 스위스와 한국이 그 뒤를 이었다. 반대로 덴마크, 스웨덴,
노르웨이, 핀란드의 순서로 각료 평균 연령이 가장 낮은 것으로 나
타났다. 덴마크의 각료 평균 연령이 46.1세인 반면에 한국은 60.8
세로 나타났다. 마찬가지로 젊은 각료들이 국정을 논의하고 운영
하는 나라들을 살펴보면 비례대표제와 의회제를 결합한 정치제도
라는 공통점이 발견된다.

한국의 불평등 민주주의

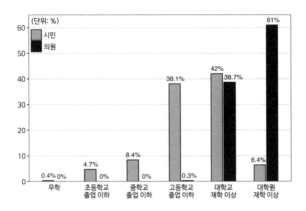

시민들과 의원들의 교육수준, 2020

자료: 통계청(2021), 인구총조사; 중앙선거관리위원회(2023), 당선인통계.

　위 그림은 통계청 인구총조사 자료를 활용해서 우리나라 30~74세 시민들의 교육수준 분포를 보여준다. 이를 21대 국회의원 선거 당선자들의 교육수준 분포와 비교한 것이다. 21대 국회의원 중에서 대학을 졸업하지 아니한 사람은 0.3%에 불과했다. 반면에 거의 모두가 대학 및 대학원 졸업자였다. 고학력 편중 현상이다. 혹자는 국회의원의 업무상 전문적인 지식이 필요하기에 고학력층으로 국회가 구성될 필요가 있다고 생각할 수도 있겠다. 과연 그런가?

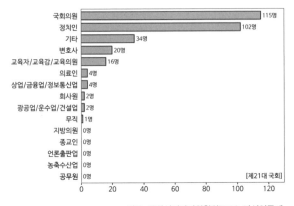

제21대 국회의원선거 직업별 당선인 수, 2020

자료: 중앙선거관리위원회(2023), 당선인통계.

　21대 국회의원들의 이전 직업군 분포는 어떤지 살펴보자. 위 그림이 보여주듯 115명이 이전에 현역의원이었다. 정치인으로 표시된 102명은 새로 당선된 사람들이지만, 정당인으로서 정당 및 정치활동을 해왔던 사람들을 나타낸다. 이 외에 법조인 출신과 언론인, 의료계 종사자들이 있는 반면에 생산직 및 사무직 노동자 출신 의원 비율은 매우 낮다. 지방의원 출신 국회의원이 0명이라는 점도 눈에 띈다. 서구 국가들에서는 지방의회 의원 경험을 거쳐서 전국수준 의회에서 활동을 이어가는 경우가 많지만, 한국의 지방의회와 국회 사이에는 건널 수 없는 간극이 존재하는 것으로 보인다. 지역구 국회의원이 지방선거 후보자 공천에 결정적인 영향력을 행사하는 제도적 현실이 이 간극의 원인이자 생생한 표상인 것으로 보인다. 영국 하원의원 및 총리들의 정치 경력을 보면, 20대에 소속 정당 청년위원회 활동, 지방의회 의원, 하원의원 경력을 거친다. 한국 국회의원이나 대통령 중 상당수는 검사, 변호사, 기업인으로 지내다가 유명세를 타고 갑자기 정치권에 등장했다. 정치적 경험과 정치에 대한 이해가 일천하다.

이는 비단 21대 국회만의 문제가 아님을 모두가 잘 알고 있다. 2020년 한국방송공사(KBS)가 20대 국회의원들의 이전 직업 분포와 유권자 직업 분포를 비교해서 직업비례성 수치를 검토한 적이 있다. 20대 국회 때 검사 출신 의원이 8명이었는데, 유권자 중에서 직업이 검사인 사람들의 비율은 0.005%에 불과했다. 국회의원 중에 검사 출신은 2.67%를 차지했다. 이 수치를 직업비례성으로 볼때 545배를 기록했다. 직업군별로 본 대표성에서 검사는 545배 과대대표되었던 것이다. 판사 직업은 494배, 변호사 176배, 언론인 105배, 그리고 교수는 95배로 과대대표되었다. 반대로 생산직 및 사무직 노동자, 소상공인(자영업자) 등은 과소대표되었다.[*]

다음 그림은 21대 국회의원들의 평균 순자산(평균 자산에서 평균 부채를 뺀 수치)과 통계청 가계금융복지조사에서 조사된 국민 가구 평균 순자산을 나타낸 것이다. 국회의원들의 평균 순자산은 34억 8,000만 원인 반면에 국민 가구 평균 순자산은 4억 5,000만 원인 것으로 나타났다. 국회의원들의 평균 순자산이 국민 가구 평균 순

---

[*] https://news.kbs.co.kr/news/pc/view/view.do?ncd=4391589. 'KBS 〈정치합시다〉 지식다방 ep.4 : 국회의원, 누구를 뽑을 것인가?' 영상 38분 39초에서 확인 가능하다.

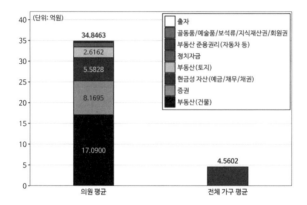

국회의원들(2023)과 전체 가구(2022)의 평균 순자산 총액

자료: 정보공개센터(2023), 국회고위공직자 재산정보; 통계청(2022),
가계금융복지조사.

자산의 7.6배에 달한다. 평균 유권자보다 훨씬 부자인 국회의원들
이 가난하고 고용불안에 시달리며 자녀와 부모 뒷바라지까지 신경
써야 하는 삶의 무게를 얼마나 알 수 있을까. 그마저도 선거철에만
이해하는 척하지 않는가.

한국의 불평등 민주주의

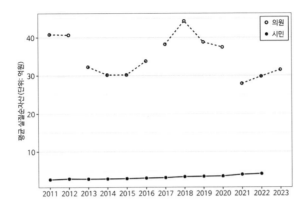

자료: 뉴스타파(2011~2023), 공직자 재산 데이터; 통계청(2023),
소비자물가조사; 통계청(2022), 가계금융복지조사.

한국 국회의원의 재산이 일반 시민의 재산보다 매우 많다는 점
은 오랜 기간 지속되어 온 현실이다. 위 그림은 2011~2023년 시
기 국회의원 평균 실질순자산과 국민 가구 평균 실질 순자산의 추
이를 나타낸 것이다. 소비자물가지수를 적용해서 물가상승 요인을
고려한 수치다. 또한 정몽준 의원을 제외하고 의원 재산 평균을 구
했다. 언제나 의원들은 국민보다 평균 6~8배 정도 부유했다. 여기
에서 문득 궁금해진다. 원래 부자인 사람들이 국회의원이 되는 것
일까, 아니면 거꾸로 국회의원이 되면 부자가 되는 것일까. 부자효
과로 의원 배지를 달게 되는가, 아니면 배지효과로 부자가 되는가.

누가
의원이 되는가

누가 정치인이 되는가? 누가 공무원이 되는가? 최근 정치경제학 분야에서 연구되었던 질문들이다. 공적 봉사에 대한 신념이 강한 사람들이 공무원이 될 목표를 갖고 준비해서 마침내 공무원이 되는가, 아니면 노동시장 상황에 대한 판단에 따라 직업 안정성과 높은 수준의 공무원연금을 고려해서 공무원이 되고자 한 결과인가. 국가운영과 정치 발전에 대한 신념을 가진 사람들이 의원이 되는가, 다양한 형태의 지대추구 결과 마침내 의원이 된 것인가.

기술대표성의 측면에서 볼 때 한국 국회가 유권자보다 고학력이고 나이가 많으며 압도적 다수가 남성이고 명문대 출신이 지배적이며 재산이 많은 정치인과 법조인으로 구성되어 있는 이유가 무엇인가? 한국에서 누가 의원이 되는가에 대한 답을 엄밀하게 제시하기 위해서는 별도의 치밀한 분석이 필요하다. 여기에서는 다음 세 가지 질문을 따라 생각해볼 필요가 있다는 점을 제시하기로 한다. 세 가지 질문은 다음과 같다. 첫째, 누가 출마하는가, 둘째, 누가 공천을 받는가, 셋째, 누가 당선되는가.

첫째, 누가 출마하는가? 의원이 되어 의정활동을 통해 유권자와 시민들의 삶을 더 좋게 만들어 더 나은 우리 사회, 우리나라를 만들기 위한 공적 마인드가 충만하기 때문일 수도 있겠다. 하지만 논리적으로 볼 때 출마에 따른 이익이 비용보다 높을 때 출마할 것이다. 출마에 필요한 경제적 비용에는 정당에 내야 하는 공탁금과 공천을 받아 중앙선거관리위원회에 후보 등록을 할 때 내야 하는 비용이 포함된다. 고소득층에게는 별것 아닌 비용이지만, 누군가에게는 대출하지 않으면 감당하기 어려운 비용일 것이다. 따라서 고소득층에게 유리하다. 또한 전문직 자격증으로 사는 사람, 대표적으로 법조인과 의사는 출마 후에 공천을 받지 못하거나 당선되지 못하는 경우에도 생계를 위해 돌아갈 일자리가 있다. 예를 들어 판사나 검사 사직 후 정치인이 되고자 출마했다가 낙선하면 변호사 일을 하면 된다. 의사도 마찬가지다. 고위 관료의 경우, 출마했다가 의원이 되지 못하는 경우, 관료 경력을 갖고 대관업무를 필요로 하는 기업체나 거대 로펌에 취업하는 길이 있다. 다른 직업군에는 여러 제약이 있다. 특히 여성들의 경력단절이 뚜렷하게 나타나는 노동시장 특성상 아무리 능력 있는 여성이라도 법조계 또는 의료계 종사자나 관료가 아닌 이상 돌아갈 곳이 없어지는 시나리오를 감당하기는 쉽지 않다. 공직선거를 위한 출마휴직제도가 있는 직장은 들어보지 못했다. 따라서 직업군으로 볼 때 정당인, 법조인, 의료계 종사자, 고위 관료 등이 출마할 가능성이 크다. 이들은 대체로 고학력, 고소득층에 속한다.

둘째, 누가 공천을 받는가. 정당의 공천관리위원회가 위로부터 전략공천을 하는 경우와 당내 경선을 통해서 후보자를 선출하는 방식이 있다. 이와 관련해 당내 경선에서 승리하기 위해서는 당원을 중심으로 한 경선 참여 유권자들의 이념성향이나 정치적 입장에 조응하는 후보자가 유리하다. 한국이나 미국과 같이 정치양극화가 심한 조건에서 열성 당원들의 정치성향에 조응하는 후보자들이 당내 경선에서 승리해서 후보자로 선출될 가능성이 크다. 이 점은 왜 아래로부터의 당내 경선이 도입된 후에 더 극단적인 강경파 의원들이 많이 등장했는가에 대한 하나의 단서를 제공한다. 이전 시기 밀실 공천에 따른 부작용을 피하고, 당원과 국민이 참여하는 당내 경선을 통해 공직후보자를 선출하자는 참여민주주의 아이디어의 의도하지 않은 결과다. 다른 한편 정당이 위로부터 후보자를 결정하든, 아래로부터 경선을 통해 선출하든 간에 선거에서 승리할 가능성이 있는 후보자를 선출하고자 할 것이다. 여기에서 후보자의 경력을 볼 때 이전 정치적 경력에 따른 수행업적 기록이 좋거나 그러한 기록이 없는 사람들의 경우 어떤 경력을 거쳤는지가 후보자의 능력에 대한 정보의 지름길(information shortcut)로 작동한다.

법조계나 의료계, 관료 경력 등이 유리하게 작용할 것이다.

셋째, 누가 당선되는가. 정당에 대해 투표하는 비례대표 선거가 아니라 후보자에 대해 투표하는 지역구 선거에서 유권자들은 생산직 노동자 출신을 부장판사 출신이나 대검찰청 부장검사 출신보다 싫어하는가. 유권자들은 다른 모든 조건이 같다면, 여성 후보자보다 남성 후보자를 더 지역구 의원으로 적합하다고 판단하는가. 이는 물론 앞의 두 가지 절차와 맞물려 있다. 누가 출마하는가, 누가 공천을 받는가의 절차에서 여성이 남성보다 불리한 위치에 있다면 유권자에게 제시되는 투표용지의 메뉴에서 여성 후보자보다 남성 후보자가 제시되어 있을 확률이 높다. 또, 다른 직업군보다 법조인, 의료인, 관료 출신들이 제시되어 있을 확률이 높다. 이 점을 고려한 후에도 유권자들의 판단에 편향이 있는 것으로 밝혀지는지가 중요하다. 남미 국가들에 관한 비교 연구나 프랑스 선거 연구에서 유권자들이 대체로 생산직 노동자 출신이나 여성 후보자들에 대해 우호적이지 않았다는 분석 결과를 제시한 바 있다.

이 세 가지 절차를 모두 고려했을 때, 결국 구성되는 국회는 화이트칼라 국회(White collar National Assembly)가 될 것이다. 또한, 고소득층 국회, 남성-장노년층 국회가 될 것이다. 대한민국의 국회라는 의미에서 대한민국 국회일 뿐 대한민국 국민을 전혀 닮지 않은 국회다.

실질대표성:
반응성

　　두 번째 정치대표성은 실질대표성의 문제다. 의원들은 주권자인 국민들의 이해와 요구를 입법과 의정활동을 통해서 실질적으로 반영하는가. 다양한 사회계층의 민심 중에서 어느 계층의 요구가 더 많이 반영되고, 어느 다른 계층의 이해는 철저하게 무시되는가. 불평등한 반응성(unequal responsiveness)에 관한 많은 연구가 저소득층이나 중산층보다는 고소득층, 그리고 직업지위나 교육수준이 높은 이들의 선호가 정책에 반영될 확률이 높다는 점을 밝혔다(Bartels 2008; Gilens 2012; Mathisen 2023; Elsässer and Schäfer 2023; Schakel and Van Der Pas 2021). 이는 미국 정치학자 로버트 달(Dahl 1971)이 민주주의에 관한 고전적 저작인 『다두정』(Polyarchy)에서 언급한 "민주주의의 핵심적 특징은 정부가 정치적으로 평등한 존재로 간주되는 시민들의 선호에 지속적으로 반응하는 것이다"라는 언명에 비추어 볼 때 생각할 거리를 제공한다. 한국 민주주의는 모든 시민을 정치적으로 평등한 존재로 간주하는가. 모든 시민들의 이해와 요구에 평등하게 반응하는가.

한국 정부와 국회가 노동계보다 재계의 이해와 요구에 더 반응하고 그를 입법에 반영한다면, 그리고 저소득층보다 고소득층의 요구를 더 많이 입법에 반영한다면, 임금, 소득 및 자산불평등은 완화되지 못할 것이다. 한국 민주주의는 왜 불평등을 완화하지 못해왔나에 대한 하나의 이유가 여기에 있다. 비정규직 노동자의 임금이 정규직 노동자 평균임금의 약 절반 수준이며, 여성 노동자의 임금이 남성 노동자 임금의 65% 정도에 불과한 점은 '동일노동, 동일임금'을 실현하기 위한 입법을 통해 해소할 수 있는 문제다. 예를 들어 기간제 교사와 정규직 교사가 하는 업무는 동일한데 고용형태가 다르다고 해서 임금에서 차별받고, 임금 이외의 다양한 휴가 및 휴직 등의 권리에서도 차별받는 것이 현실이다. 또, 자산불평등을 완화하기 위해서 취할 수 있는 다양한 입법 및 정책은 시행되지 않고 있다.

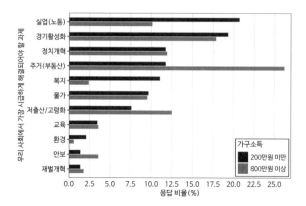

가구소득과 사회문제 해결의 우선순위에 대한 인식, 2022

자료: 한국사회과학데이터센터 · 서강대현대정치연구소(2023),
제20대 대통령 선거 관련 유권자 의식조사.

　　위 그림은 2022년 〈대통령 선거 관련 유권자 의식조사〉 자료를 활용해서 유권자들이 가장 중요하게 생각하는 과제가 무엇인지를 나타낸 것이다. 가구소득을 기준으로 월 200만 원 미만 가구와 월 800만 원 이상 가구를 비교했다. 뚜렷하게 드러난 점은 저소득층 가구가 가장 중요하게 해결되어야 할 우리 사회의 과제로 실업문제 또는 노동문제를 지목한 반면에, 고소득층 가구는 부동산 문제를 꼽았다는 점이다. 소득계층에 따라 다르게 나타난 것이다.

소득계층 및 고용형태와 '의견을 잘 대변해주는' 정당의 유무

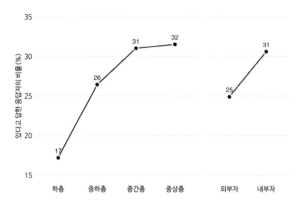

자료: 한국사회과학데이터센터 · 한국선거학회(2020),
제21대 국회의원 총선거 관련 유권자 정치의식조사.

소득계층 및 고용형태와 정치대표성, 투표참여

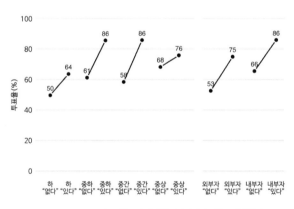

자료: 한국사회과학데이터센터 · 한국선거학회(2020),
제21대 국회의원 총선거 관련 유권자 정치의식조사.

앞의 그림은 2020년 한국사회과학데이터센터와 한국선거학회가 수행한 국회의원 선거 관련 유권자 의식조사 자료를 활용해서 소득계층 및 고용형태에 따라 정치적으로 대표되고 있다고 인식하는 정도에 차이가 나타나는지를 살펴본 것이다. 또한 같은 소득계층 및 고용형태에 속하는 사람들 사이에 정치적으로 대표되고 있다고 인식하는 경우와 그렇지 않은 경우 투표참여에 어떠한 차이를 보이는지 분석했다. 이를 통해 정치대표성이 정치효능감의 증가를 이끌고 투표참여로까지 이어지는지를 살펴보자.

사회계층은 응답자 스스로 어떤 계층에 속하는지를 물은 주관적 사회계층 문항으로 측정한다. 중상층, 중간층, 중하층, 하층으로 구분해서 제시한다. 상층이라고 응답한 사람이 극소수(3명)였기 때문에 분석에서 제외했다. 고용상태에 따라 정규직은 내부자로, 비정규직과 실업자를 외부자로 분류했다. "우리나라 정당 중에서 귀하의 의견을 잘 대변해주는 정당이 있습니까?"라는 문항에 대해 "있다"와 "없다" 응답을 구분했다. 그리고 "이번 선거에서 투표하셨습니까?"라는 문항을 활용한다.

앞의 그림은 주관적 사회계층이 낮을수록, 즉 스스로 하층 또는 중하층에 속한다고 생각할수록 자신의 의견을 대변해주는 정당이 없다고 응답한다는 점을 보여준다. 하층에 속한다고 응답한 사람 중 17%만이 정치적으로 대표된다고 생각한 반면에, 중상층의 32%가 그렇다고 생각하는 것으로 나타나서 거의 두 배의 차이를 보였다. 여기에서 언급해야 할 점은 주관적 사회계층 사이의 차이에도 불구하고, 전반적으로 정치적으로 대표되고 있다고 생각하는 응답자의 비율은 매우 낮다는 것이다(평균 30% 이하). 유권자 10명 중 7명 정도가 의견을 대변해주는 정당이 없다고 응답한 것이다. 고용형태에 따라서는 노동시장 외부자 중 25%, 내부자 중 31%만이 정치적으로 대표되고 있다고 응답한 것으로 나타났다. 노동시장 외부자일수록 정치적 소외를 더 느끼는 것이며, 자신들의 의견을 대변하는 정당이 없다고 생각하는 것이다. 또한 앞의 그림은 같은 주관적 사회계층이나 고용형태에 속하는 사람들이라도 정치적으로 대표되고 있다고 인식하는 경우 투표율이 더 높게 나타났다는 점을 보여준다. 이는 모든 주관적 사회계층과 모든 고용형태에서 동일하게 나타난 경향이다. 즉 정치적으로 대표되고 있다는 인식이 정치효능감을 증가시켜서 투표장에서 자신의 목소리를 표출할 유인을 높인다고 볼 수 있다.

정치권과 정부는 정치적으로 평등한 시민들의 다양한 요구와 이해에 대해 얼마나 지속해서 반응하고 있는가? 한국 민주주의가 불평등을 완화하지 못한 하나의 이유는 불평등한 반응성에 있다.

6장
정치제도

선거제도와
불평등 민주주의

　　한국 민주주의가 불평등을 완화하지 못해온 네 번째
이유는 정치제도에 있다. 여기에서는 특히 유권자들의 표심을 국
회 의석으로 전환하는 선거제도(electoral systems)에 초점을 둔다. 선
거제도는 정당 및 후보자들의 선거경쟁을 규제하는 법과 제도들
을 가리킨다. 선거제도를 크게 다수제(majoritarian system), 비례대표
제(proportional representation system), 그리고 이 둘을 혼합한 혼합제
(mixed system)로 분류한다.

　다수제는 하나의 선거구에서 정해진 의석수만큼의 당선자를 선
출하는 제도다. 한 선거구에서 한 명의 당선자를 선출하면 소선거
구제, 2명 이상을 선출하면 중대선거구제다. 후보자들의 득표를
의석으로 전환하는 방식에 따라 과반을 넘기지 못하더라도 최다득

표자를 당선자로 선출하는 경우 단순다수제(plurality)라 부르고, 1라운드 경쟁에서 과반의 득표자가 나오지 않는 경우 최다득표 1, 2위가 2라운드에서 경쟁하거나, 미리 정해진 득표기준(예를 들면 15%)을 넘은 모든 후보자가 2라운드에서 격돌하는 제도 디자인을 결선투표제(run-off system)라고 부른다. 다수제는 승자독식제도(winners-take-all)다. 당선된 후보를 지지하지 않은 다른 모든 표심은 반영되지 않는다. 특히 소선거구제에서는 보수-진보 두 거대 정당에 유리한 방식으로 의석이 배분된다. 선거제도가 정당체제를 결정 짓는다는 아이디어를 제공한 모리스 뒤베르제(Maurice Duverger)에 따르면, 단순다수제 소선거구제는 양당체제와 상관관계가 높다 (Duverger 1959).

뒤베르제의 논리를 더 밀고 나가면, 비례대표제는 다당체제로 이어지는 경향이 있다. 비례대표제의 아이디어는 선거경쟁에 참여한 정당들의 득표율에 비례해서 의석 배분을 하는 것이다. 제도적으로 정해진 봉쇄조항(electoral threshold)을 넘긴 정당들에 대해 득표율에 따라 비례적으로 의석을 배분한다. 봉쇄조항은 국가마다 다르다. 매우 낮거나 없는 경우도 있고 독일처럼 5%로 높은 봉쇄조항을 유지하는 나라도 있다. 한국의 경우 전국득표율 3% 이상을 기록한 정당들에 대해 47석의 비례대표 의석을 배분한다.

현재 한국은 혼합제 선거제도를 갖는다. 300석 의석 중에서 253석을 소선거구 단순다수제로 지역구 의원을 선출하고, 47석을 비례대표 의석으로 배분한다. 비례대표 의석을 배분할 때 병립형(independent) 방식은 봉쇄조항을 넘긴 정당들의 정당명부 득표율에 비례해서 47석을 배분하는 것이고, 연동형(dependent) 방식은 봉쇄조항을 넘긴 정당들의 정당명부 득표율에 비례해서 전체 300석 의석을 배분한 후에, 지역구 선거에서의 당선자수를 고려해서 300석 대비 비례적인 의석수에서 지역구 당선자수를 뺀 나머지 의석을 47석에서 배분하는 방식이다. 병립형 방식보다 연동형 방식이 더 비례성(proportionality: 각 정당의 득표율과 의석률이 서로 비례한다는 원칙)이 높다. 2024년 4월 국회의원 선거를 얼마 남기지 않은 현재 시점에서 한국 국회는 아직 선거제도를 확정하지 않고 있다. 지난 선거에서 도입된 것은 준연동형 방식이었고, 이에 두 거대정당이 비례대표 위성정당이라는 꼼수를 통해 득표율-의석률의 비례성을 처참하게 무너뜨린 바 있다.

제21대 국회의원 선거 정당득표율과 의석률(지역구 기준), 2020

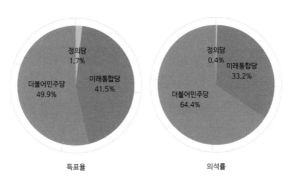

자료: 중앙선거관리위원회(2020), 제21대 국회의원 선거 정당별 득표수 현황;
중앙선거관리위원회 선거통계시스템(2023), 당선인통계.

　　　　　　　　　　　　　　　　한국의 불평등 민주주의

앞의 그림은 2020년 21대 국회의원 선거 지역구 기준 정당득표율과 의석률을 비교해서 나타낸다. 더불어민주당이 지역구에서 약 50%의 득표율을 기록했음에도 지역구 의석의 64.4%를 차지했다. 미래통합당은 41.5% 득표율로 33.2%의 지역구 의석을 차지하는 데 그쳤다. 다수제에서 군소정당들은 거대정당들보다 의석배분에 있어 불리하다. 정의당은 지역구 선거에서 1.7%의 득표율을 기록했으나, 단 1석의 지역구 의석만 차지하는 데 그쳤다. 득표율과 의석률의 비례성의 원칙에서 볼 때 한국 국회의원 선거제도가 얼마나 낮은 비례성 정도를 갖는지 잘 보여준다.

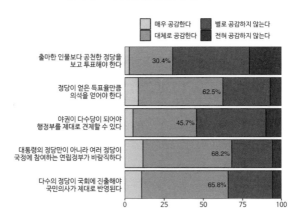

정치제도와 연관된 유권자 선호, 2022

자료: 한국사회과학데이터센터 · 서강대현대정치연구소(2023),
제20대 대통령 선거 관련 유권자 의식조사.

그런데, 앞의 그림을 보면 정당이 얻은 득표율만큼 의석을 얻어야 한다는 비례성의 원칙에 공감하는 응답자 비율이 62.5%를 차지했다. 여러 정당이 국정에 참여하는 연립정부가 바람직하다는 응답도 68%로 나타났다.

다시 이 책의 포인트로 돌아오자. 어떤 선거제도가 더 불평등 완화에 유리할까? 한국의 선거제도는 불평등을 완화하는 데 도움이 되지 않는가? 이 장에서는 비례대표제가 다수제 선거제도보다 불평등을 완화하는 데 더 유리하다는 점을 제시한다. 비례대표제가 정치인들로 하여금 불평등을 완화할 수 있는 정책과 프로그램에 초점을 둔 입법 활동을 하도록 제도적으로 유인한다는 점을 제시할 것이다. 또한 비례대표제에서 더 복지정책 및 재분배정책을 추진할 중도좌파정부의 집권 가능성이 높다는 점도 제시한다.

표적 혜택 대
보편 정책

선거제도뿐만 아니라 모든 제도는 행위자들을 특정 방향으로 행동하도록 유인하거나 제약한다. 칼 마르크스(Karl Marx)가 언급했듯이, 인간은 주어진 제도와 조건의 제약 속에서 역사를 만들어간다(Marx 1963). 다수제 선거제도는 의원들이 지역구 대표라는 점에서 지리적 경계로 구획된 선거구 내 시민들을 위해 의정 활동을 하고 지리적 대표성을 갖는다는 특징이 있다. 선거구 주민들과 의원 간의 연계가 존재한다. 지역구 민원 사업 등을 추진하는 데 장점이 있다. 반대로 이는 다양한 형태의 선심성 인기영합정책(pork barrel politics)으로 이어질 수 있다는 단점과 연결된다.

해마다 연말이 되면 여의도는 차년도 예산 확정을 위한 국회예결산특별위원회의 시간이다. 가을 정기국회에서 국정감사가 끝나면 50명 정원의 위원회가 그해 8월 말까지 기획재정부가 편성해 국회에 제출하는 차년도 정부 예산안을 심의한다. 한국에서는 예산편성권을 행정부가 갖고 있다. 기획재정부의 막강한 권력의 상징 중 하나다. 국회는 전체 예산을 증액하지 못한다. 다만 심의를 거쳐 감액하거나 특정 사업 비목 간에 예산액을 이동시킬 수 있다. 예결산특별위원회의 심의 과정의 백미는 최후에 전개되는 소소위원회다. 여기에는 두 거대정당 원내대표와 원내수석부대표, 4인이 모여 회의를 진행한다. 비공개로 진행되는 이 회의에 들어가는 4인에게는 소속 정당 의원들이 자신들의 민원을 담은 쪽지를 건넨다. '쪽지예산'이다. 기획재정부가 편성한 예산을 심의하면서 특정 지역구 사업의 예산을 증액하거나, 새로운 지역구 사업을 위한 예산을 더 가져오는 식이다. 쪽지예산을 확보한 지역구 의원들은 지역구 유권자에게 대대적으로 홍보한다. 현직 의원의 의정활동 성과 여부를 회고적으로 평가해서 다음 선거에서 지지할지, 아니면 다른 정당 후보를 선택할지를 결정하는 일부 유권자들의 지지를 확보할 수 있는 가장 좋은 선거운동이다. 국회의원 선거 때는 지역구 의원이 우리 동네 둘레길 조성 사업이 자신의 성과라고 홍보하고, 지방선거에서는 현직 구청장, 현직 구의원, 시의원이 이구동성으로 서로 자신의 성과라고 홍보한다. 도대체 우리 동네 둘레길은 누구의 성과인가. 한국 국회의석의 6분의 5 이상을 차지하는 지역구 의원들은 재선을 위해 지역구 예산을 더 확보하는 데 관심이 더 많을까, 아니면 경제적 불평등을 완화하는 다양한 정책 프로그램을 위한 입법 활동에 더 관심이 많을까?

다수제 선거제도에서 지역적으로 구획된 선거구를 대표하는 의원들은 지리적으로 표적화된(geographically targeted) 사업 및 정책을 통해 자신의 재선 가능성을 극대화할 인센티브가 있다. 즉 특정 사업과 정책의 수혜자가 자신의 선거구 내 시민들에게 국한되는 의정활동을 할 유인이 있다. 반대로 비례대표제 의원들은 지리적으로 구획된 선거구 주민들과의 직접적 연계가 없다. 자신이 지역을 대표하는 것이 아니기 때문이다. 유권자 또한 후보자에 대해 투표하는 것이 아니라 자신이 지지하는 정당에 대해 투표한다. 비례대표제에서 정당과 의원들은 더 많은 수혜자를 대상으로 보편적인 정책 및 프로그램(broad program)을 추진할 인센티브가 있다(Persson and Tabellini 2000). 실업급여 확대, 연금 개혁, 돌봄 및 교육정책 등을 예로 들 수 있다. 그러면 지리적으로 표적화된 프로그램과 보편적 프로그램 중에서 어느 것이 더 불평등을 완화할 수 있을까? 당연히 보편적 정책 프로그램이다. 비례대표제는 정당과 의원들에게 이러한 방향으로 일하도록 유인한다.

다수제에서 2명의 후보가 경쟁하더라도 한 지역구에서 50.1%씩을 득표하고, 전체 지역구의 50.1%에서 당선자를 배출하면 원내 다수당이 된다. 즉 이론적으로 전체 투표자 25%의 지지를 얻으면 원내 다수당이 될 수 있는 것이다. 이와 달리 비례대표제에서 전체 투표자의 25% 득표율은 25%의 의석률로 이어지고, 이로써는 원내 다수당이 절대 될 수 없다. 선거제도가 25% 지지를 위한 정책 및 프로그램 개발(다수제)과 50% 이상 지지를 위한 정책 및 프로그램 개발(비례대표제)로 정당과 정치인들을 유도하는 것이다. 많은 시민이 보편적으로 혜택을 얻게 되는 보편적 정책들을, 예를 들어 환경정책, 노동시장정책, 복지정책, 성평등정책 등을 개발하며 입법 활동을 하도록 그를 중심으로 한 선거경쟁을 유도하는 제도적 디자인은 다수제라기보다는 비례대표제다. 불평등 완화를 위한 보편적 정책 개발을 위해서는 비례대표제가 더 유리하다.

정부당파성

        다수제보다 비례대표제를 갖는 나라들에서 더 많은 재분배 노력이 나타나는 또 다른 이유는 선거제도가 어느 정당이 집권할 것인가에 영향을 미치고, 집권정당의 정치적 당파성에 따라 그에 걸맞는 경제, 사회, 재분배정책이 시행되기 때문이다. 즉, 선거제도가 정부당파성을 매개로 해서 불평등 완화에 영향을 미치는 메커니즘이다. 정치학자 아이버슨과 소스키스(Iversen and Soskice 2006)가 "왜 어떤 민주주의 국가는 다른 나라보다 더 많이 재분배하는가"라는 논문에서 분석한 것이다.

  아이버슨과 소스키스(Iversen and Soskice 2006)는 선거제도의 차이가 정당연합의 다이내믹스에 영향을 미치고, 그 결과 누가 집권하는가가 정해지며 이것이 재분배정책의 차이로 이어진다는 인과

관계를 주장했다. 비례대표제에서 선거 후 연립정부 구성의 동학에서 중도좌파정부의 집권가능성이 높고, 결국 더 많은 재분배를 한다는 주장이다. 실제 2차 세계대전부터 20세기 말까지의 시기에 다수제를 갖는 선진 민주주의 국가들에서 중도우파 정당의 집권이 약 74%였던 반면에, 비례대표제를 갖는 선진 민주주의 국가들에서는 반대로 중도좌파 정당의 집권이 4분의 3을 기록한 것으로 보고되었다. 중도좌파 정부는 그들의 핵심 유권자 계층의 이해와 요구를 반영해서 복지정책 확대와 더 많은 재분배 노력을 시행할 선거정치적 인센티브가 있다. 이러한 메커니즘은 앞서 보았던 비례대표제 선거제도가 갖는 직접적인 보편적 정책 프로그램 개발유인 효과와 서로 보완된다. 여기에서는 정당연합과 정부당파성을 매개로 해서 왜 비례대표제가 더 불평등을 완화하는지에 대한 메커니즘을 제시한 것이다.

스웨덴의 경제학자 페터슨-리드봄(Peterson-Lidbom 2008)은 스웨덴 지방정부의 정치적 당파성에 따라 경제, 사회정책에 어떠한 차이가 나타나는지를 살펴보았다. 인과추론(causal inference) 기법을 활용해서 지방정부당파성과 정책 결과의 인과관계를 추정한 것이다. 그의 분석 결과에 따르면 좌파정당이 집권한 지방정부가 우파정부보다 약 2~3% 정도 더 높은 조세 및 복지지출과 약 7% 정도 낮은 실업률을 기록했다. 어느 한 지방정부의 다른 모든 조건을 동일하게 고정해놓고 무작위로 추첨을 통해 집권정당을 결정한다고 가정하자. 추첨 결과 좌파정당이 집권하게 되는 경우와 추첨 결과

우파정당이 집권하는 두 시나리오가 있다면, 앞과 같은 2~3% 더 많은 복지지출과 7% 낮은 실업률을 좌파정당 집권 정부에서 기대할 수 있다는 것이다. 정부당파성 효과다.

◆ 나가는 말 ◆

한국에서 임금, 소득, 그리고 자산불평등이 증가해왔고, 경제적, 사회적 격차가 심화되어왔다. 이는 저출생 고령화 문제와도 맞닿아 있다. 그런데 앞에서 보았듯이 불평등을 완화하기 위한 한국의 재분배 노력은 다른 OECD 국가와 비교했을 때 가장 최하위에 속한다. 왜 그럴까. 이 책에서 우리는 한국 민주주의가 왜 불평등을 완화하지 못해왔는가에 대한 네 가지 이유를 제시했다.

첫째, 투표참여의 소득편향이다. 저소득층이 고소득층보다 자신들을 정치적으로 대변하는 정당이 없다고 생각하는 경향이 있고, 따라서 정치효능감이 낮으며 투표장에 나가서 목소리를 낼 동기부여를 갖지 못한다. 표출되지 않은 민심에 귀 기울이는 정치인은 흔하지 않다. 따라서 정치적으로 대표되지 못한다고 생각해서 정치적 소외를 느껴 투표하지 않게 되고, 기권하는 사람들은 정치적으로 대표되지 않는 악순환의 고리(vicious cycle)가 발견된다.

둘째, 저소득층이 자신들의 경제적 이해에 조응하지 않는 정당을 지지하거나 정책선호를 갖는 경우가 있다는 점이다. 자신의 경제적 이해관계에 대해 정확한 정보를 갖지 못하거나, 정당들이 제시하는 정책들로부터 기대할 수 있는 효과에 대한 정확한 이해를 갖지 못하는 경우들이 있다. 또한 계급정체성보다 다양한 형태의 사회적 정체성에 따른 사회규범을 내면화하면서 그에 조응해서 정책에 대한 태도를 갖게 되기도 한다. 저소득층, 저임금 노동자로서의 정체성보다는 대한민국 국민으로서의 정체성, 남성으로서의 정체성, 산업화 역군으로서의 정체성 등이 투표선택과 정책 태도를 결정짓는 경우들이 많다.

셋째, 정치대표성의 문제다. 기술대표성과 실질대표성 두 측면 모두에서 한국 정치권은 특정 사회계층, 직업군, 성별, 세대를 불평등하게 대표하고 있다. 국회는 50대 이상 법조인 출신 서오남(서울대, 50대, 남성)의 무대가 된 지 오래다. 청년 세대, 지방대 출신, 고졸, 여성은 형편없이 과소대표되고 있다. 시민들의 평균 재산의 7배에 달하는 재산을 가진 부자 국회의원이 자신의 물적 토대와 상반되는 입법 및 의정활동을 할 때는 정말로 대단한 신념과 용기와 헌신을 필요로 할 것이다. 그런 의원들이 얼마나 될까.

넷째, 선거제도 문제가 있다. 한국의 선거제도는 정치인들에게 불평등을 완화할 수 있는 보편적 정책 및 프로그램 개발과 입법보다 자신의 지역구 사업 예산 확보에 더 집중할 인센티브를 강하게 제공하는 제도다. 지역구 발전을 이야기하는 의원은 많이 보는데, 지역구 내 불평등 완화를 논하는 의원은 아직 발견하지 못했다. 하물며 그럴진대 우리 사회 전반에 걸친 불평등 문제를 제기하고, 그 것을 완화하는 정책과 입법을 추진하는 의원은 몇이나 될까.

참고문헌

국내 문헌

권혁용. 2017. 『선거와 복지국가』. 서울: 고려대학교출판문화원.

권혁용 · 김대용 · 박찬혁. 2022. "한국인은 왜 재분배정책을 지지하지 않는가? 설문 실험 연구." 『한국정치학회보』 56(4): 5–31.

홍민기. 2017. "소득불평등: 현황과 대책." 『노동리뷰』 146: 11–15.

외국 문헌

Alt, James, and Torben Iversen. 2017. "Inequality, Labor Market Segmentation, and Preferences for Redistribution." *American Journal of Political Science* 61(1): 21-36.

Ansell, Ben. 2010. From the Ballot to the Blackboard. New York: Cambridge University Press.

Ansell, Ben. 2014. "The Political Economy of Ownership: Housing Markets and the Welfare State." *American Political Science Review* 108(2): 383-402.

Bartels, Larry. 2008. Unequal Democracy. New York: Russel Sage Foundation.

Black, Duncan. 1948. "On the Rationale of Group Decision-Making." *Journal of Political Economy* 56(1): 23-34.

Dahl, Robert A. 1971. Polyarchy: Participation and Opposition. New Haven: Yale University Press.

Dahl, Robert A. 2007. On Political Equality. New Haven: Yale University Press.

Duverger, Maurice. 1959. Political Parties: Their Organization and Activity in the Modern State. London: Metheun & Co. Ltd.

Elsässer, Lea, and Armin Schäfer. 2023. "Political Inequality in Rich Democracies." Annual Review of Political Science 26: 469-487.

Finseraas, Henning. 2009. "Income Inequality and Demand for Redistribution." Scandinavian Political Studies 32(1): 94-119.

Gilens, Martin. 2012. Affluence and Influence: Economic Inequality and Political Power in America. Princeton: Princeton University Press.

Gingrich, Jane, and Ben Ansell. 2012. "Preferences in Context: Micro Preferences, Macro Contents and the Demand for Social Policy." Comparative Political Studies 45(12): 1624-1654.

Gingrich, Jane, and Ben Ansell. 2014. "Sorting for Schools: Housing, Education, and Inequality." Socio-Economic Review 12(2): 329-351.

Iversen, Torben, and David Soskice. 2001. "An Asset Theory of Social Policy Preferences." American Political Science Review 95(4): 875-893.

Iversen, Torben, and David Soskice. 2006. "Electoral Institutions and the Politics of Coalitions: Why Some Democracies Redistribute More than Others." American Political Science Review 100(2): 165-182.

Kenworthy, Lane, and Jonas Pontusson. 2005. "Rising Inequality and the Politics of Redistribution in Affluent Countries." Perspective on Politics 3(3): 449-471.

Lupu, Noam, and Jonas Pontusson. 2011. "The Structure of Inequality and the Politics of Redistribution." American Political Science Review 105(2): 316-336.

Lupu, Noam, and Jonas Pontusson, eds. 2024. Unequal Democracies: Public Policy, Responsiveness, and Redistribution in an Era of Rising Economic Inequality. New York: Cambridge University Press.

Marx, Karl. 1963. The Eighteenth Brumaire of Louis Bonaparte. New York: International Publishers.

Mathisen, Ruben B. 2023. "Affluence and Influence in a Social Democracy." American Political Science Review 117(2): 751-758.

McCarty, Nolan, Keith T. Poole, and Howard Rosenthal. 2006. Polarized America: The Dance of Ideology and Unequal Riches. Cambridge: The MIT Press.

Meltzer, Allan H., and Scott F. Richard. 1981. "A Rational Theory of the Size of Government." *Journal of Political Economy* 89(5): 914-927.

Mosimann, Nadja, and Jonas Pontusson. "Solidaristic Unionism and Support for Redistribution in Contemporary Europe." *World Politics* 69(3): 448-492.

Persson, Torsten, and Guido Tabellini. 2000. Political Economics: Explaining Economic Policy. Cambridge: The MIT Press.

Pettersson-Lindbom, Per. 2008. "Do Parties Matter for Economic Outcomes? A Regression-Discontinuity Approach." *Journal of the European Economic Association* 6(5): 1037-1056.

Piketty, Thomas. 2014. Capital in the Twenty-First Century. Cambridge: Harvard University Press.

Rehm, Philip. 2016. Risk Inequality and Welfare States. New York: Cambridge University Press.

Rehm, Philip, Jacob Hacker, and Mark Schlesinger. 2012. "Insecure Alliances: Risk, Inequality, and Support for the Welfare State." *American Political Science Review* 107(1): 386-406.

Rueda, David. 2007. Social Democracy Inside Out. Oxford: Oxford University Press.

Rueda, David, and Daniel Stegmueller. 2016. "The Externalities of Inequality: Fear of Crime and Preferences for Redistribution in Western Europe." *American Journal of Political Science* 60(2): 472-489.

Schakel, Wouter, and Daphne Van Der Pas. 2021. "Degrees of Influence: Educational Inequality in Policy Representation." *European Journal of Political Research* 60(2): 418-437.

Shayo, Moses. 2009. "A Model of Social Identity with an Application to Political Economy: Nation, Class, and Redistribution." *American Political Science Review* 103(2): 147-174.

이 저서는 2017년 대한민국 교육부와 한국연구재단의
한국사회과학연구(NRF−2017S1A3A2066657)의 지원을 받아 수행한 연구임.

정치연구총서 03

한국의 불평등 민주주의

제1판 1쇄 2024년 2월 28일

지은이   권혁용, 엄준희
펴낸이   장세린
편집   배성분, 박을진
디자인   장세영

펴낸곳   (주)버니온더문
등록   2019년 10월 4일(제2020-000051호)
주소   서울특별시 용산구 청파로93길 47
홈페이지   http://bunnyonthemoon.kr
SNS   https://www.instagram.com/bunny201910/
전화   010-3747-0594   팩스 050-5091-0594
이메일   bunny201910@gmail.com

ISBN   979-11-93671-00-9 (94340)
ISBN   979-11-980477-3-1 (세트)